KB022826

세종이 묻고
박범종이 답하다

아이들이 살아갈 세상을 위한 민주정치 4.0의 출발

박범종 지음

세종이 묻고
박범종이 답하다

빅파사드
FAÇADE

민주정치 4.0의 기수가 되다

나는 세종시, 그러니까 조치원에서 태어나 줄곧 세종에서
자란 세종 토박이다. 대학 생활과 군대, 감정평가사 공부로 서
울에서 지냈던 10여 년의 타지 생활을 마치고 돌아온 세종은
변화의 중심이었다. 노무현 대통령의 꿈이 담긴 도시를 만들기
위해 국가균형발전의 중심으로, 행정수도 이전이라는 대의를
갖고 다시 탄생하는 세종시를 보며 나는 '정치의 힘'을 보았다.

노무현의 도시 세종, 젊은 도시 세종을 위해 나는 '새로운
정치'를 하려 한다. 이른바 민주정치 4.0이다. 앞서 민주화와 산
업화, 권위주의의 청산 등 여러 세대를 거친 우리 정치는 다시
한번 새로운 정치적 요구 앞에 서 있다. 87년 6월 항쟁 이후 만
들어진 지금의 정치체제와 구도로는 더 이상 다양한 국민의 정
치적 목소리와 요구를 해결할 수 없기 때문이다. 이미 우리 정
치는 사회의 발전과 시민사회의 높아진 눈높이에 부응하지 못

한다는 비판을 받고 있다.

내가 정치에 눈을 뜨게 된 계기는 지난 2008년 이명박 정부 초기 광우병 사태였다. 이명박 정부가 광우병에 취약한 30개월 이상의 미국산 소고기를 수입하기로 하자 국민의 건강과 안전을 무시하는 행태에 국민은 분노했고 촛불집회가 줄지어 열렸다. 그 당시 나는 서울 신림동에서 감정평가사 공부를 하고 있었는데, 일분일초가 아까운 상황이었지만 나 또한 정부의 안하무인인 행태에 분노하여 촛불집회에 참여하지 않을 수 없었다. 아마 이때부터 어렴풋이나마 직접 정치에 참여하여 불합리한 사회구조를 개선하고 싶다고 생각하게 된 듯하다.

이명박 정부의 국민 무시는 갈수록 도를 더해갔다. 당시 이동관 홍보수석을 중심으로 언론탄압이 이루어진 터라 나는 보다 진실한 뉴스를 접하기 위해 공중파 방송과 팟캐스트를 함께 들으면서 이 사회의 불합리와 모순을 차츰 더 깨달아 갔고, 이후 나는 이른바 생활 정치에 관심을 가지면서 일상을 바꾸는 정치 활동을 조금씩 하기 시작했다. 박근혜 대통령 탄핵 촛불혁명에 참가할 때도 국민의 한 사람으로서 좋은 세상을 만들고 싶다는 바람으로 참여했다. 세상의 불의와 모순, 불평등을 마주할 때마다 나는 조금씩 생활 정치와 더불어 새로운 정치에 대한 필요성을 느꼈다.

일상에서 기득권 타파를 위해 행동하다

　정치는 특별한 영역에서만 벌어지는 게 아니다. 우리의 일상에 정치는 늘 존재한다. 정치란 삶의 질을 높이고 사회공동체의 건강한 발전을 위해 노력하는 행위이다. 그래서 정치는 올바르지 못한 사회 현실과 부당한 기득권에 저항하는 것이어야 한다. 나는 이것을 '청년 정치'라고 본다. 다시 말해 정당에 가입하고 선출직에 뽑혀야 정치를 하는 게 아니다. 사회 곳곳에서 일상의 민주주의를 회복하고, 적폐에 저항하는 활동을 한다면 그게 바로 정치다.

　잘못된 관행을 고집하는 기득권의 적폐는 사회 곳곳에서 발견할 수 있다. 내가 일하는 감정평가 업계도 마찬가지다. 2010년 30살의 나이로 사회생활을 시작하고 처음 감정평가 업계에 들어왔을 때, 이 업계는 업무 영역을 두고 국토부와 힘겨루기를 하고 있었다. 어느 조직이든 기득권은 있기 마련인데 이 갈등 또한 올바른 가치를 추구하고 건강한 업계 생태계를 만들기보다 자신의 이익에만 관심 있는 기득권이 있었다.

　국토부의 비위를 맞추기 위해 후배들을 희생시키는 선배들의 모습을 적나라하게 지켜보면서 나는 내 자신이 그 기득권에 끼는 것에 저항하고 싸우기로 마음먹었다. 이명박 정부 시절 고시원에 살면서 참여한 촛불집회는 사실 체감이 나지 않는 행동이었으나 이번에는 달랐다. 아주 가까운 곳에서 기득권과 마주하는 첫 번째 사건이었다. 아무리 국토부가 감정평가사 자격증을 관할한다곤 하지만 국토부에 아부하면서 개인의 영달을 추구하는 일부 선배들의 모습을 볼 수 없었던 나는 동기회를 중심으로 의견을 취합하고 성명서를 작성하기 시작했다. 업계에서 막내에 불과했으나 기득권에 쉽게 굴복하고 싶지 않았던 나는 내 자리에서 할 수 있는 일을 해나갔다.

나의 기득권과의 첫 싸움이었던 이 사건은 결국 이기지 못했다. 그때 알았다. 기득권과의 싸움은 단 한 번으로 해결되지 않는다는 것을 말이다. 일상에서 생활에서 꾸준하게 지치지 않고 해나가야 한다는 것을 각성한 나는 지금까지도 기득권 타파를 위해 주저하지 않는다. 그리고 자기희생 없이 이득만 챙기려는 기득권과 맞서는 것이 내가 걸어가야 할 정치의 길이라 생각한다. 청년 정치를 말한다면 이런 결기쯤은 마음에 품고 있어야 한다고 믿는다.

나이로 청년 정치인을 구분하는 것을 거부한다

단지 나이가 많으니 물러가라는 것은 옳지 않다. 사실 청년 정치를 표방하면서도 철 지난 극우적 이념에 매달리는 청년 정치인이 얼마나 많은가. 기득권에 저항하기는커녕 순응하면서 권력의 곁불을 쬐려는 이가 한둘이 아니다. 이들을 청년 정치인이라고 할 수 있을까. 단지 나이가 젊다는 이유만으로?

나는 40대다. 요즘 기준으로 보자면 청년 정치인이다. 그러나 나이로 나를 청년 정치인으로 구분 짓는 것은 단연코 거부한다. 현재 우리나라가 처한 문제와 적폐를 어떻게 해결할지 공부하고 연구하며 고민하는 게 청년 정치인의 책무이며, 이 책무에 최선을 다할 때 당의 발전과 민생을 제대로 돌볼 수 있다고 생각한다.

MZ 세대와 청년 세대 등을 말하면서 단지 나이만으로 구분하는 것은 그저 갈라치기에 불과하다. 청년 정치의 대척점은 기득권 정치, 자기 정치, 공익보다 사익을 추구하는 정치다. 민주당의 문제도 여기에 있다. 청년이 없어서가 아니라 청년 정치가 들어설 여지가 없다. 내부 총질을 일삼는 것은 민주주의가 아니다. 자기 정치를 보장받기 위해 이기적인 행태를 보이는 정치인을 비판할 수 있어야 하는 게 청년 정치다.

"정치는 잇몸 약입니다"

간혹 '정치가 무엇이냐'는 질문을 받는다. 그때마다 우스

갯소리로 "정치는 잇몸 약입니다!"라고 씩씩하게 답한다. 잇몸 약 광고를 보면 '씹고 뜯고 맛보고 즐기고'라는 카피가 있다. 정치도 마찬가지다. 불의를 보면 과감하게 씹어대고, 잘못된 악습을 뜯어내고, 변화와 혁신으로 풍요로운 삶을 맛보게 하고, 걱정 없이 삶을 즐길 수 있게 만드는 일이 정치다.

그런데 윤석열 정부를 보면 씹고 뜯을 게 한둘이 아니다. 양평 고속도로 셀프 노선 변경과 같은 불의를 스스로 만들어내고, 이명박 정부 때 부적격으로 심판받은 인사들을 다시 장관으로 기용하는 악습을 반복한다. 지금의 정치는 20년 전으로 후퇴했다. 미래를 바라보고 한 걸음씩 나아가기도 바쁜 마당에 윤석열 정부는 늘 전 정권 탓만 한다. 정치가 이 모양이자 경제는 악화일로에 들어섰다. 모든 국민이 치솟는 물가와 불안정한 일자리와 나라 안팎의 불안 요소로 고통받고 있다.

상황이 이런 만큼 정치는 폭주하는 기관차를 멈추게 하는 최신식 브레이크의 역할을 해야 한다. 절망의 구렁텅이를 향해 질주하는 기차를 멈추는 브레이크가 되어 정상적인 정치 환경을 만들어야 한다. 그렇다고 해서 투쟁만을 하자는 것은 아니다. 민생 챙기기와 저항을 함께해야 한다. 국민이 건강한 정치 세력과 정치인을 골라 지지할 수 있도록 말이다.

이 시대에 필요한 정치인의 덕목

그렇다면 어떤 사람이 정치를 해야 할까? 나는 두 가지 덕목을 갖춘 사람이 정치를 해야 한다고 생각한다.

첫째, 심장이 따뜻한 사람이다. 서민들의 어려움을 보는 것뿐만 아니라 공감할 수 있는 따뜻한 심장을 가진 사람이 정치를 해야 작은 희망이라도 찾아내 같이 기뻐할 수 있다. 사익보다 공익을 우선시하고, 시민과 함께 어울릴 줄 아는 사람. 마치 노무현 대통령처럼 말이다. 나는 이런 사람들이 정치에 더 많이 입문했으면 좋겠다.

둘째, 문제해결 능력을 갖춘 사람이다. 첨예하게 대립하는 이해당사자들의 목소리를 시대에 맞게 조율해야 한다. 갈등을 조율하기 위해서는 잘 듣고 판단하고 설득하는 문제해결 능력이 전제되어야 한다. 이제는 문제를 제기하는 것만으로는 국민의 동의와 지지를 얻기 힘들다. 행동하고 부당함과 불의에 맞서 싸우며 대안을 제시할 수 있는 문제해결형 정치인이 이 시대에 필요하다. 그래서 경청은 정치인의 중요한 덕목이다. 자기주장부터 내지르는 정치인은 국민에게 피로감만 안겨준다.

젊은 도시 세종시, 젊은 정치인 박범종

나는 10년 넘게 감정평가사 현장에서 서민의 목소리를 듣고 대변해 왔다. 빠르게 변화하는 현대 사회에서 현장의 목소리에 즉각 대응하여 새로운 미래를 준비할 수 있는 능력 있는 젊은 정치를 하고 싶어서다.

젊은 정치는 세종시에도 걸맞은 정치다. 우리 세종시는 평균 연령이 38.5세로 대한민국에서 가장 젊은 도시라고 할 수 있다. 도시 자체도 젊다. 세종시가 생긴 지 이제 10여 년 됐다. 비슷한 세대는 경험과 생각, 정서를 공유하는 경향이 있다. 모든 면에서 젊고 역동적인 사람들이 살고 있는 세종시민들의 요구와 정서를 대변하는 것도 마찬가지다. 이제 젊은 정치와 사고를 갖춘 정치인이 나설 때다. 세종시의 가치를 업그레이드하고 정치 혁신의 길을 닦아야 한다.

국회의원이 되면 나는 야당 정치인으로서 명확한 정치적 역할을 할 것이다. '반대를 위한 반대'를 하겠다는 뜻이 아니다. 여당과 정부의 실정에 매서운 질타와 비판을 하면서도 대안을 제시하여 위기를 극복하는 데 주저하지 않겠다는 것이다. 나는 정치적 이해관계와 개인의 이익을 내세우며 정치적 생명을 연장하는 것에는 관심 없다. 그보다 내가 가진 전문성으로 국회에 들어가 국민의 삶을 지키고 더 나은 환경을 만들고 싶다.

나는 감정평가사라는 직업을 통해 얻게 된 통찰로 사회공동체의 발전과 안정에 이바지하겠다는 포부가 있다. 이와 가장 밀접한 사안은 아마도 부동산 문제일 것이다. 현재 부동산 주거 안정화 정책과 내 집 마련에 대한 계층과 세대 간 격차는 매우 심각한 수준이다. 그동안 정부 주도로 만든 주거 대책은 주거 취약계층을 위주로 한 획일화된 정책으로 설계되었다. 이러한 정책은 이미 여러 번 실패로 끝났다. 더 이상 효과를 기대하기 힘들다.

부동산 관련 이슈는 매우 복잡한 문제다. 단순히 공급을 늘린다고 집값이 안정된다거나 내 집 마련이 수월해지는 것이 아니다. 그렇다고 세금으로 문제를 해결하는 것도 쉽지 않다. 이처럼 복잡하고 다양한 부동산 이슈는 계층에 따라 이해관계를 달리한다. 특히 정권에 따라 갈지자를 걷는 부동산 정책 때문에 부동산 시장은 요동치고 서민의 삶은 더욱 고달프다. 이제는 다양성에 맞춘 민관합동 프로젝트를 통해 모든 계층에 맞춤형으로 부동산 정책을 수립할 필요가 있다. 국회의원이 된다면 부동산 분야 최고 전문가인 감정평가사 경력을 발휘하여 큰 그림을 그리고 주도해 볼 계획이다.

세종시 출신 국회의원으로서도 할 일이 있다. 나는 세종시 출신으로 세종시를 잘 알고 애정도 무한하다. 감정평가사 시험에 합격하고도 굳이 서울과 수도권에 머물지 않고 세종시로 돌아온 것도 고향에 대한 깊은 사랑 때문이었다.

　세종시는 노무현 대통령의 꿈이었고 그 꿈을 현실로 만들기 위해 국회 세종의사당, 대통령 집무실 등의 완전 이전과 사용을 목표로 한 발 한 발 전진하고 있다. 애초 만들려고 했던 취지에 따라 행정적 수도 기능이 점차 완성도를 높여가는 것이다. 하지만 경제 자립의 문제에는 고개를 갸웃하게 된다. 거리에는 텅 빈 상가가 즐비하고 재미없는 도시 이미지와 이로 인한 관광과 문화 소비의 부족 등 세종시에는 세종시에 사는 사람에게만 보이는 문제가 있다.

　풍성한 문화를 즐길 수 있는 도시를 만들어야 하는데, 이러한 알맹이는 만들지 못한 채 세종시는 그저 행정수도라는 타이틀에만 집착하는 듯 보인다. 특히 보육과 교육 문제는 정주 인구의 증가와 깊은 관련이 있다. 아이 키우기 좋은 도시를 만들어야 한다. 나 또한 아이를 키우는 부모로서 획기적인 발전이 이루어질 수 있도록 최우선으로 전념할 것이다.

내가 정치를 하고 싶은 이유

　내가 정치에 뛰어들고 총선에 나가려는 이유는 어쩌면 단순하다. 각박하지 않은 세상을 만들고 싶기 때문이다. 능력주의를 내세우며 각자도생과 무한경쟁을 요구하는 세상에서 소수의 승자와 다수의 패자는 점점 양극단에 서 있다. 윤석열 정부가 들어서서는 사회공동체를 파괴하는 이러한 흐름이 바뀌기는커녕 그 물살이 더욱 거세졌다.

따뜻한 지역공동체 복원이 필요하다. 이는 과거의 공동체로 돌아가자는 것이 아니다. 이 시대에 걸맞은 더불어 사는 세상, 나도 잘 살고 내 아이도 잘사는 세상을 만들자는 것이다. 따뜻한 지역공동체를 만들어야 이 사회가 공존을 통해 발전과 안정을 기대할 수 있다. 지역공동체가 무너지면 개인의 삶도 무너진다. 이는 지방소멸만 보더라도 알 수 있지 않은가. 지방이 소멸 위기에 처하자 의료, 교육, 문화 등 전 분야에서 지역공동체가 무너짐은 물론 그 공동체에 속한 개인의 위기도 피할 수 없었다.

미래를 대비하는 노력도 함께해야 한다. 기후 위기, 저출산과 고령화, 인공지능과 로봇 기술과 같은 첨단기술의 발전 등은 지금껏 살아온 삶의 전면적인 변화를 요구하고 있다. 이 변화는 국민 개개인은 물론, 특히 미래세대는 직접 감당해야 할 자신의 문제다. 그런데 이와 관련하여 지금의 정부는 사회 통합적인 위기 대응보다 갈라치기 혹은 외면과 방치, 나아가 퇴행적인 모습마저 보인다. 이에 따라 세대 간 갈등이 커지는 상황이다. 세대 간 분열 없이 지속 가능한 사회공동체를 만들기 위해서는 사회적 합의와 대비가 필요하다. 경제와 사회적 불평등이 심해지고 국민 안전을 보장해 줄 수 없는 나라는 우리가 원하는 나라가 아니다. 내 아이가 잘사는 세상을 만들어야 한다.

이 책은 나의 첫 책이자 총선을 앞두고 던지는 정치 출사표다. 정치가 바뀌어야 한다는 말은 선거 때마다 나온다. 아니, 선거철이 아니라도 국민은 정치가 바뀌어야 한다고 늘 한목소리로 말한다. 나는 그 목소리에 부응하고 멈추지 않는 정치 혁신과 세종을 비롯한 우리나라의 미래를 위한 정치를 하고자 한다. 미흡하게 보일지라도 청년 정치, 민주정치 4.0을 실현하기 위한 도전의 여정에 나서겠다. 혁신의 목소리를 주저 없이 내고 미래를 위해 공부하는 젊은 정치, 청년 정치의 길을 가겠다. 모쪼록 부족함이 있더라도 응원의 목소리와 손길을 부탁드린다.

박범종

차 례

1부

국민의 삶을
책임지는
정치를 한다

부동산 문제 어떻게 풀어야 할까

나는 감정평가사다. 감정평가사는 토지나 건물 등 부동산의 자산 가치를 평가하는 전문가다. 우리나라에서는 부동산이 경제에 차지하는 비중, 특히 일반 국민의 삶에 끼치는 영향이 매우 크다. 그렇다 보니 우리 사회의 실질적인 경제 흐름과 주거 환경과 관련하여 가장 먼저 그리고 가까이에서 지켜보게 된다.

감정평가사는 공적 영역과 사적 영역으로 업무를 나눌 수 있다. 공적 영역은 대규모 산업단지나 도로 개설 사업 등에서 토지 수용이 발생할 때 토지와 관련한 평가 금액을 매기는 보상 관련 일을 말한다. 사적 영역은 은행이나 일반 상속 증여와 관련하여 토지나 건물 등에 대해서 감정평가하는 일이다.

지난 2010년부터 지금까지 감정평가사 일을 하면서 그전에는 알지 못했던 서민의 삶을 지켜보게 되었다. 예를 들어 대규모 산업단지를 조성하게 되면 한평생 살았던 삶의 터전을 잃고 떠나는 주민들이 생긴다. 또 환경개선 사업이란 이유로 오랫동안 아이들을 키우며 학교까지 보낸 영세상인들이 한순간에 업을 잃어야 하는 일도 생긴다. 보상 한 푼 받지 못하고 살던 동네를 떠나야 하는 이 저소득 임차인들을 보면서 나는 약자에 야말로 정치가 꼭 필요하다고 생각하게 되었다. 오늘날의 대규모 산업단지 조성이나 환경개선 등은 과거처럼 폭력과 불법이 판치지 않는다. 정해진 법대로 이루어진다. 그러나 정해진 법만으로는 모두를 지킬 수 없기에 '정치가 필요하다.'

사실 감정평가사로 일하다 보면 토지소유자들을 대변하는 역할을 많이 하게 된다. 하지만 그럴 때도 나는 기계적으로 숫자만 보지 않았다. 서민의 삶이 눈에 들어오니 관심을 두게 되고 그러자 거대 정치 담론 못지않게 실제 국민의 삶과 부동산, 주거 환경과 복지에 눈을 돌리게 되었다. 주거 복지에 관해 감정평가사로서 바라보는 문제의식을 갖게 된 것이다. 특히 토지 수용과 관련하여 세입자나 영세 토지소유자에 대한 실질적인 생존 대책이 필요하다고 생각한다. 이 문제가 해결되지 않아서 부동산 투자자는 돈을 벌고 보상 이전을 해야 하는 사람들은 삶의 터전을 잃을 뿐만 아니라 미래를 기약할 수 없는 처지에 놓이게 된다.

주거 복지를 실현하는 현실적인 방법

우리 사회에서 부동산은 매우 모순적인 이슈다. 정치를 하는 사람으로서도 부동산을 어떻게 바라봐야 할지, 또 복잡하게 얽힌 문제들은 어떻게 풀어야 할지 매우 조심스러운 게 사실이다. 가치 생산의 영역이 극히 적은 한국에서 부동산이 주는 자산과 투자 가치로서의 매력은 부인할 수는 없다. 그러나 지금의 우리나라는 부동산의 경제적 가치가 지나치게 과대평가 될 수밖에 없는 구조인 데다가 공적 영역에서 통제할 수 있는 범위를 넘어섰다. 더군다나 투자와 이익의 관점에만 관심이 지나치게 쏠린 탓에 부동산 문제에서 우리는 '거주 공간'으로서의 부동산을 종종 외면하곤 한다. 땀과 눈물이 밴 공간을 그저 자산 가치로만 바라보는 상황에서 전 국민의 '주거 복지'는 요원할 수밖에 없다.

부동산 시스템을 자세히 들여다보면 부가가치를 창출할 수 있는 분야가 극히 드물다. 과거 경제개발 시대에는 가능했을지 몰라도 오늘날 일반 개인이 부동산으로 투자 이익을 거두는 것은 거의 불가능하다. 오히려 '영끌'이니 뭐니 하면서 감당할 수 없는 리스크만 지게 된다. 부동산 투자와 개발로 자산을 형성하는 것은 이제 기업의 비즈니스가 되었다. 개인이 투자를 노려볼 수 있는 자산 가치는 대체로 아파트나 작은 상가이지만, 이마저도 금리 인상과 투자 위축으로 대출에 발목 잡힌 꼴이 되고 말았다.

주거 복지를 실현하는 방법으로 대규모 개발 사업이 진행될 때 이익을 일부 환수하여 기본적인 주거 복지 실현을 위한 재원을 마련하는 정책이 있다. 이때 공존과 상생의 묘리를 찾아야 한다. 국가의 기업 정책에서 대기업과 중소기업의 동반 상생을 이야기하는 것처럼 주거 복지에서도 동반 상생의 방안을 찾아야 한다.

도시화나 대규모 산업단지를 개발하는 과정에서 발생하는 토지가격의 상승은 불로소득이다. 토지소유주가 자신의 노력으로 가치를 상승시킨 게 아니기 때문이다. 불로 소득으로 발생한 이익은 환수하는 게 맞다. 실제로 더불어민주당은 부동산 개발 사업 과정에서 발생하는 지나친 민간 이익을 환수하는 개발이익환수법을 발의한 적이 있다. 「개발이익 환수에 관한 법률 일부개정 법률안」이 그것이다.

개발이익환수제도는 토지로부터 발생하는 이익을 공평하

게 배분해야 한다는 필요성으로부터 제기됐다. 사회적 불평등과 토지 소유에 따른 소득격차를 유발하는 불로소득은 사회적 정의와 공정에 어긋난다. 우리 헌법에도 나와 있는 '경제의 민주화' 조항을 생각해 봐도 이러한 개발 초과 이익은 환수를 통해 공평한 배분이 이루어져야 하는 게 맞다.

개발이익의 환수는 오랫동안 우리 사회에 만연한 부동산 투기와 관련해 적절한 억제와 토지가격의 안정화를 기대할 수도 있다. 개발이익의 사유화는 개발이익에만 초점을 맞춘 투기를 부추기기 때문이다.

개발이익을 환수하는 제도가 마련되면 공공투자와 균형발전을 위한 재원 확보도 가능해진다. 환수된 이익으로 재원이 마련되기 때문에 사회간접자본(Social Overhead Capital, SOC)이나 국토 균형발전에 투입할 수 있는 공공사업 투자가 가능해진다. 서울과 수도권 중심의 개발에서 벗어나 소멸 위기에 직면한 지방을 살리는 실질적인 솔루션으로도 활용할 수 있다.

개발이익환수제도는 이처럼 국가의 불균형을 개선하고 '지역의 균형발전'이라는 거시적 경제뿐만 아니라 '주거 복지'라는 미시적 경제를 보장하는 가장 현실적인 방법이다. 지나치게 부를 독점했던 부동산 투기 세력의 초과 이익은 국민통합을 저해하는 것이기도 해서 이는 우리 사회에 반드시 필요한 제도이다. 다만 개발이익환수제도는 헌법에서 말하는 '공공복리에 적합한 재산권의 행사'여야 한다. 또한 토지를 더 이상 사적 소유와 이익의 대상을 보지 말고 공공재로 인식하여 양극화를 해소하는 데 기여할 수 있도록 해야 한다.

하이브리드 부동산 정책이 필요하다

우리 사회에서 부동산이 투자처로 주목받는 이유는 한정된 토지 안에서 개발하다 보니 막대한 수익이 발생할 수밖에 없는 구조이기 때문이다. 그 결과 부동산 시장 자체가 과잉과 과열의 양상에서 좀처럼 벗어나지 못하고 있다. 금융자본도 몰리고 개인의 쌈짓돈도 몰려든다. 국민적 관심도 매우 높다. 내 집 마련과 재테크에 대한 기대 심리가 맞물려 그 열기가 쉽게 식지 않고 있다.

이런 상황이다 보니 공적으로 문제를 해결하려 시도하는 것도 쉽지 않다. 경제에서 부동산이 차지하는 비중이 작으면 공적 영역으로 조정할 수도 있지만 지금은 이 범위를 넘어섰다.

부동산 문제는 보수와 진보를 떠나 역대 어떤 정부도 성공적으로 해결하지 못했다. 돌파구를 찾으려 정책을 내놓을 때마다 부동산 가격은 이를 비웃는 듯 널뛰듯 요동쳤다. 역대 정부의 무덤인 셈이다. 문재인 정부가 많은 성과를 이루었음에도 민주당이 대선에서 패배할 수밖에 없었던 가장 큰 이유도 부동산 정책의 실패를 꼽고 있다.

정권 따라 바뀌는 부동산 정책에 고통받는 건 국민이다

역대 정부의 부동산 정책은 하나같이 시장 안정화를 추구했다. 하지만 '시장 안정화'라는 같은 목표를 두고도 각 정부는 매번 다른 해법을 내놓았다. 예를 들어 아파트 공급 확대 정책으로 보수 정권에서는 건설경기 활성화를 통한 신규 주택 공급을, 진보 정권에서는 다주택자 소유 분산을 통한 기존 주택 공급을 추진했다. 신규 주택 공급은 경기에 따른 미분양 문제 등의 위험이 있고, 기존 주택 공급은 정부의 개입으로 시장의 불확실성이 커지는 위험이 있다. 양쪽 정책 모두 리스크가 있는 것이다. 이런 상황에서는 정책의 일관성이 무엇보다 중요하다. 5년마다 정권이 바뀐다고 했을 때 정책도 그렇게 자주 바뀐다면 누구도 정부의 정책에 대해 신뢰하기가 힘들어진다.

부동산 정책은 일정한 사회적 책임, 즉 지나친 투기를 억제한다는 전제 아래 사적 시장을 보장해 주는 게 바람직하다. 또한 정부는 부동산 시장에 개입하기보다 청년과 취약계층을 위한 반값 분양이나 장기 임대 정책 등 공적 영역에 집중해야 한다.

2022년 8월 장마 때 서울 반지하 세대에 살던 장애인 가족 세 명이 사망하는 참사가 발생했다. 집중호우 대책이 부실한 것도 문제였지만 장애인이라는 사회적 약자와 반지하라는 우리 사회의 아픈 구석이 더 눈에 띄는 사건이었다. 그들이 갈 곳이라곤 반지하밖에 없었던 것이다. 햇볕 한 줌조차 제대로 들어오지 않는 반지하 주택은 경제적으로 빈곤한 사람들이 그나마 생활할 수 있는 공간으로, 우리나라에서는 오랫동안 주거 복지를 대신해 왔다. 하지만 반지하가 주택으로 기능하는 나라는 우리나라밖에 없다.

나는 반지하에 사는 사람이 없는 나라를 만들고 싶다. 그러기 위해서라도 주거 복지와 관련하여 획기적인 정책을 준비하려 한다. 사실 주거 복지는 간단하다. 주거 환경을 제대로 갖춘 주택을 저렴하게 공급하는 것이다. 그래야 반지하와 고시원 같은 기형적인 주택이 사라진다. 주거비용을 줄이면 실물 경제를 활성화할 수도 있다. 높은 주거 마련 비용 때문에 가계 빚을 지게 되면 지갑을 열고 싶어도 좀처럼 열 수 없기 때문이다. 실물 경제에 악영향을 끼치는 악순환이 발생한다.

부동산 문제 해결의 실마리, 민간 주도와 토지 공개념

부동산 시장은 민간 주도로 가는 게 옳다고 본다. 정부의 개입은 지나치게 시장 질서가 교란될 때 제어만 하는 시스템으로 가야 한다. 정부가 개입할수록 집값이 요동쳤다. 집값 안정을 위한 대책을 내놓았는데 오히려 부동산 가격이 오르고, 경기 부양을 위해 부동산 정책을 펼쳤는데 집값이 내려가는 등 시장은 정부의 의도대로 움직이지 않았다.

그러므로 부동산 정책은 '민간 주도'와 '토지 공개념'을 도입하는 것으로 해결의 실마리를 찾아야 한다. 이른바 민간과 공공의 '하이브리드 부동산 정책'이다. 부동산 시장은 원칙적으로 민간의 영역에서 다루되 주거 복지는 별개로 보는 것이다.

부동산 시장을 민간 영역에만 맡겨두면 '주거 복지'의 문제는 요원해진다. 그렇다고 자산의 사적 소유를 건드린다면 문제는 더욱 커질 우려가 있다. 결국 민간 영역에 부동산을 맡긴다는 전제하에 앞에서 말한 개발이익환수제도나 세금, 정부의 금융 투자 등으로 해결하는 것이 비교적 가능성이 있는 방법이다.

해외 사례도 참조할 만하다. 유럽에서는 토지는 국가가 소유하고 건물만 사적 영역으로 인정하는 사례가 있다. 이런 방식이면 반값 주택이 가능해진다. 토지 공개념에 기반한 부동산 개발 이익 추구와 주거 복지 실현을 동시에 기대할 수 있다. 여기에 공공임대 정책을 확대하면 주거 복지 환경개선을 꾀할 수 있다.

주거 복지 환경 개선을 위한 공공임대 정책

집은 생존을 위한 최소한의 조건이다. 주거 복지는 국민의 기본적인 생존 환경, 즉 의식주에 대한 불안을 해소하는 것이어야 한다. 그러므로 주거와 관련한 소유의 욕망만을 채워주는 게 아니라 안정적인 주거를 보장한다는 전제 아래 다양한 선택지를 제공하는 것이 정책적으로 필요하다.

주거 복지를 위한 정책 중 하나로 공공임대 정책을 들 수 있다. 토지 공개념에 기반한 공공임대 주택의 확대로 인간답

게 살 수 있는 주거 공간을 마련해주는 것이 목적이다. 공공임대 정책은 다양하다. 최근 해외에서도 다양한 공공임대 정책을 실험하고 있다.

미국은 저소득층 낙인 문제를 해결하기 위해 임대주택 공급이 아닌 바우처를 지급하고 있다. 사실 낙인 문제는 전 세계적인 고민거리다. 우리나라에서도 일반 아파트와 공공임대 아파트에 사는 아이들이 차별당하는 뉴스가 종종 나올 만큼 심각한 사회적 논란이 되고 있다.

프랑스와 오스트리아 등의 유럽에서는 국민인식의 전환을 가져올 만한 정책을 통해 낙인 문제와 주거 복지 문제를 해결하고 있다. 국민인식이 바뀔 수 있도록 대규모 단지를 조성해 저소득층에게 30~50퍼센트에 가까운 공급을 하도록 유도하는 것이다. 이 정책으로 차츰 국민인식이 변화하고 있다고 한다. 이게 정부의 역할이다.

싱가포르도 주거 복지와 관련하여 공공 정책으로 내 집 마련의 꿈을 충족시켜 왔다. 싱가포르는 국민의 90퍼센트 이상이 자기 집을 소유하고 있다. 이것이 가능할 수 있었던 주요 요인으로 정부의 강력한 공공 정책을 들 수 있다. 싱가포르는 자치 정부를 수립하자마자 이듬해인 1960년에 주택개발청(HDB)을 설립했다. 초대 총리 리콴유는 땅은 좁지만 누구나 살 집이 필요하다고 선언하며 주택개발청을 통한 주택 공급을 최우선 정책 과제로 추진했다. 현재 싱가포르는 전체 주택의 70퍼센트 이상이 주택개발청이 공급한 주택이다. 이 정책은 지금까지 꾸준히 이어지고 있다.

┌─────────────────────────────────────┐
주택 구입비용을 줄여주는
토지임대부 주택과 환매 조건부 주택
└─────────────────────────────────────┘

　토지임대제도를 통해 주택을 공급하여 초기 주택 구입비용을 줄이는 스웨덴식의 '토지임대부 주택'을 벤치마킹할 수도 있을 것이다. 토지임대부 주택은 토지 소유권은 공공기관이 갖고 주택은 분양받은 민간이 소유하는 방식이다. 건물만 민간에 분양하는 것이라서 토지 지분이 분양가에서 제외된다. 그만큼 주택을 싸게 공급할 수 있는 것이다. 이 경우는 주변 주택가격의 절반 수준까지 내려간 가격으로 집을 마련할 수 있다. 이른바 '반값 아파트'가 가능해진다. 청약 대상을 주택이 없는 서민으로 하면 서민의 주거 안정 방안으로 활용할 수도 있다.

　스웨덴의 사례를 좀 더 구체적으로 살펴보도록 하자. 스웨덴은 공공주택이 주택시장에서 큰 비중을 차지한다. 20세기 초 정부가 수도인 스톡홀름에 토지임대 제도를 도입하면서부터 공공주택이 확산했다. 그 과정을 보면 1950년대를 거치면서 스웨덴 정부가 도심 토지의 90퍼센트 이상을 사들였고, 이후 가격을 조정한 뒤 토지는 국가가 소유하고 건물은 민간과 공공이 건설해서 공급하도록 하였다. 이 방식으로 상대적으로 저렴하게 주택 공급이 가능해진 것이다. 이렇게 지은 주택의 인기는 어마어마하다. 입주 대기자도 상당하다고 한다.

　토지임대부 주택과 달리 환매조건부 주택도 있다. 공공기관이 아파트를 건설하여 시세의 3분의 2 정도 가격에 분양했다가 일정 기간이 지나면 다시 사들이는 방식이다. 공공기관이 토지를 개발하고 아파트를 건설하는 것이라서 시세보다 저렴한 가격으로 실수요자에게 분양할 수 있다. 단 소유권은 분양받은 사람이 갖지만 매각은 공공기관에 해야 한다. 그래서 이 방식은 투기를 억제하는 효과도 있다. 공공기관이 주택을 사들이는 가격은 분양 때 정한 가격이나 최초 분양가에 정상 이자율을 적용한 가격으로 결정된다. 이런 매각 방식이면 시세 차익을 얻기가 힘들다. 그래서 실수요자에게는 적합하고 투기를 억제하는 효과가 있는 것이다. 또 무주택자는 주택을 전세자금 수준으로 마련할 수 있다. 이와 같은 정책의 성공으로 스웨덴은 주거 불안에 시달릴 필요가 없는 나라가 되었다.

우리나라의 주거 정책 방향은 어디로 가야 할까?

우리나라도 강남 세곡 보금자리주택 시범지구를 통해 주거 복지를 개선하려는 사례가 있었다. 2009년 4월 「토지임대부 분양주택 공급 촉진을 위한 특별조치법」이 제정되면서 이 지역에 처음으로 주택이 공급되었다. 이 아파트는 분양가가 주변 시세의 절반 정도인데 토지 임대료를 매월 납부해야 한다는 것 때문에 초반에는 인기가 그리 많지 않았다. 그런데 입주 후 수요가 많이 증가하면서 전매제한 기간인 5년이 풀리는 시점에서 가격이 크게 상승했다. 현재 시세를 비교하면 토지 소유권이 없어 저렴하다고는 하나 분양 시점과 비교해 상당한 시세차익이 발생했다. 초기에 분양받은 사람들은 이른바 로또 분양이라는 논란이 제기되기도 했다.

토지임대부 주택이나 환매조건부 주택 등은 국가나 지자체가 예산을 들여 토지를 확보해야 한다. 이 또한 주거 '복지'의 영역이다. 복지는 세금을 통한 예산 투입이 필요하다. 하지만 문재인 정부 당시 부동산 세제 개편을 통해 세금을 늘리려는 정책은 국민 정서에 반하여 실패하고 말았다. 이러한 사례를 교훈 삼아 세금 부담 없이 주거 복지를 안정화하는 정책을 수립해야 한다. 주거 복지에 들어갈 막대한 예산을 공적 영역과 민간 영역이 함께 부담하는 방식으로 안정적인 모델을 만들 필요가 있는 것이다.

이는 '주거 복지의 민영화'를 말하는 것이 아니다. 영국이 전기 공급에 대한 민영화로 에너지 문제가 심각해진 것을 반면교사로 삼아 공공 영역에서 부분적인 민영화를 도입할 때 강력한 견제 장치를 마련할 필요가 있다.

주거 복지 모델로 제안하고 싶은 것이 또 하나 있다. 민간 건설업자가 공급하는 임대아파트의 임대료를 정할 때 소득 수준에 따라 차등을 두는 대신 다양한 유료 서비스를 도입하는 것이다. 예컨대 인터넷, 핸드폰, 정수기, 가구 등 아파트 단지 내에 있는 서비스를 이용하는 조건으로 임대료를 할인해주는 것이다. 이렇게 하면 같은 아파트 단지에서 낙인찍기나 계층을 구분 짓는 일이 없어진다. 어차피 인터넷이나 핸드폰, 정수기 등은 많은 가구가 대부분 사용하는 것들이고, 이것을 아파트 내 유료 서비스로 흡수하는 것이라서 잘 살고 못사는 계층을 굳이 나눌 필요가 없기 때문이다. 민간 공급자 입장에서는 수익이 발생하는 것이기 때문에 검토해 볼 만한 주거 모델이라 할 수 있다.

소셜 믹스 시티, 세종시에 미래형 주거 모델을 만들자

주거 복지는 국민이 인간답게 살 수 있게 삶의 터전을 국가가 어느 정도 보장해 주어야 한다는 개념으로 접근해야 하고, 같은 맥락에서 임대료 규제의 필요성도 제기된다. 소득 수준을 고려하지 않고 똑같이 임대료를 내는 것은 부담이 될 수 있기 때문이다. 그런데 임대료는 공공의 개입 없이 민간 영역에서 어느 정도 해결할 수 있는 여지가 있다. 그리고 세종시는 이러한 새로운 주거 복지의 테스트베드로 적합하다.

지금의 세종시는 중산층의 도시로 보인다. 애당초 계획도시였던 데다 공공기관과 신도시 상권 분양을 받을 수 있는 사람들이 새로이 모인 도시라서 중산층의 이미지가 강하다. 그러나 국회의사당까지 내려오면 도시의 확장성은 더욱 커질 것이고 도시가 확장하면 다양한 계층의 사람들이 모일 것이다.

이런 세종시를 통해 주거 복지를 개선할 수 있는 프로그램들을 개발하고 연구해서 개선하면 어떨까? 물론 국가에서만 책임지는 방식을 말하는 것은 아니다. 세종시 자체에서 임대아파트를 조성하는 사업을 시범적으로 추진해 볼 수도 있다. 세종시가 미래지향적인 도시라면 4차 산업혁명의 시대에 걸맞은 주거 복지도 실행하는 게 옳다. 패러다임의 전환은 단지 기술과 산업의 변화만 이루어지는 게 아니다. 가난한 후진국에서

고도의 경제성장을 이루면서 아파트 중심의 주거 문화로 바뀐 것처럼 삶의 형태와 주거 방식도 바뀔 가능성이 크다.

4차 산업혁명 시대에 내가 생각하는 주거 복지 생태계는 '소셜 믹스 시티'이다. 주거 단지의 유형과 세대의 다양성, 이로 인한 계층의 융합을 꾀할 수 있는 미래형 주거 모델이다. 스마트시티 시범도시와 같은 첨단 분야만이 미래를 준비하는 게 아니다. 오히려 스마트시티와 같은 쾌적한 도시 환경을 계층의 구분 없이 누릴 수 있도록 해야 한다. 도시 구성원이 다양해지는 이 모델은 앞서 여러 해외 사례를 참고하여 낙인찍기와 같은 부정적 요소를 제거한다면 주거 복지 생태계로 기능할 수 있다. 또한 주거비용의 감소로 지역의 실물 경제에 긍정적이고 직접적인 효과도 불러일으킬 수 있다.

결국은 정책의 일관성이 뒷받침되어야 한다

앞서 말했듯 주거 복지는 삶의 터전을 보장하는 개념이다. 삶의 터전이 안정되어야 정상적인 일상과 경제활동이 가능하다. 그런데 우리나라는 유럽이나 싱가포르와 달리 지금껏 정책의 일관성을 찾아볼 수 없었다.

싱가포르는 장기 집권 체제였으니 예외라 치더라도 유럽

은 수시로 정권이 바뀌었는데도 주거 복지와 관련한 방향과 가치를 보수와 진보 정권 모두가 공유해왔다. 반면 우리나라는 '정부'는 집값을 내리기 위해 노력하고 '국회'는 건설과 부동산 산업을 활성화한다고 노력하는 등 엇박자를 내기 일쑤였다. 또한 새 정부가 들어설 때마다 바뀌는 부동산 정책 때문에 오히려 부동산 시장이 불안정해졌다.

특히 정권이 교체될 때마다 바뀌는 부동산 정책은 큰 문제라 할 수 있는데, 여야 모두 부동산 문제를 정권 창출을 위해 서로를 비난하는 정쟁의 도구로 쓰기 때문이다. 정권이 바뀌면 지난 정권의 모든 정책은 폐기되고 새로운 정책이 수립되는, 비판과 경쟁만 남아있는 현 정치 환경은 매우 우려스러운 일이다. 결국은 정책의 일관성이 뒷받침되어야 한다.

청년 주거 빈곤 문제,
어떻게 해결할 것인가

    우리 사회의 부동산 문제는 재테크와 서민 주거 복지에 관심이 집중되어 있어 부동산 때문에 고통받는 세대가 있다는 것을 종종 잊는 듯하다. 바로 청년 세대다.

    청년 세대의 자립을 위한 부동산 대책은 주거 복지 생태계에 긍정적 효과를 미친다. 또한 청년 세대의 자립을 위한 부동산은 주거비용의 감소라는 측면에서만 효과가 있는 게 아니다. 청년들에게 심리적인 안정감을 줄 수 있어 생산성을 극대화할 수 있다. 주거 안정성은 생활의 기본 조건이다. 우리 사회는 주거와 관련한 불안이 높은 편이라 이것이 불안하면 다른 것도 불안해질 수밖에 없다. 그래서 주거 정책에 대해서만큼은 민감하게 반응하는 것이다.

정권 따라 엇박자 정책이 청년 세대의 절망을 가져오다

청년 세대의 주거 환경 마련에 대해서도 역대 정부는 서로 다른 목소리를 내왔다. 박근혜 정부는 주택담보대출과 전세자금 대출 등을 늘려 빚을 내서라도 집을 사라는 식의 정책을 내놓았다. 문재인 정부는 치솟은 집값을 잡기 위해 규제를 강화했으나 부작용이 만만치 않아 되레 집값 폭등과 가계대출이 급증하고 말았다. 윤석열 정부는 고금리와 경기 불황으로 금융시장의 불안이 커지고 있다며 부동산 대출 규제를 풀어버렸다. 그리고 다시 부동산 경기 활성화를 통한 안정화를 시도하고 있다.

이런 정책의 혼란 속에서도 공통으로 발견되는 경제 부양책이 있었으니 바로 가계부채다. 글로벌 금융위기 이후로 전 세계 대부분의 국가는 가계부채의 뇌관이 터질까 봐 이를 줄이는 방식을 택했으나 우리나라는 부동산 시장 부양책으로 가계대출에 의존하는 방식을 선호했다. 정부를 대신해서 가계가 빚을 늘린 꼴이 되어 버렸다.

역대 정부가 부동산 정책의 혼선으로 빚은 피해는 고스란히 서민, 특히 청년 세대가 감당하고 있다. 부동산 때문에 영끌을 마다하지 않고 갭투자 때문에 전세 사기를 당하는 등 이 나라는 지금 부동산에 지배당하고 있는 형국이다. 부동산을 마련하기 위해 빚을 끌어다 쓰고 끌어다 쓴 빚을 갚기 위해 또 빚을 지는 악순환은 청년 세대를 절망의 구렁텅이로 밀어 넣고 있다. 영끌과 빚투로 늘어난 빚 가운데 2030세대가 약 30퍼센트 정도를 차지한다고 한다. 학자금 대출과 가계대출의 연체율도 급증하고 있다. 소액 대출 연체의 70퍼센트는 2030세대이다.

요즘 청년 세대는 자신의 집을 마련하지 못하는 첫 세대가 될 것이라는 불안에 시달리고 있다. 하늘 높은 줄 모르고 폭등을 거듭하는 부동산 시세를 보며 영끌을 마다하지 않고 집을 마련한 청년들은 고금리에 신음하고 있다. 최근 전세 사기 사태에서 가장 큰 피해를 본 계층도 청년 세대이다. 전세 사기 문제는 바로 주거 빈곤 계층으로 떨어지는 심각한 문제이다. 그런데 이 문제는 청년 세대에게만 국한되지 않는다. 청년 세대가 몇천만 원이나 되는 전세자금을 마련한다는 것은 거의 불가능하다. 대부분은 가족의 도움을 받고 일부는 정부의 지원을 받기도 한다. 즉 자기 돈이 아니라 빌린 돈으로 전세에 든 것이다. 이런 상황에서 전세 사기를 당하면 제2의 피해자가 나올 수밖에 없다. 당사자인 청년 세대뿐만 아니라 가족까지 신용불

량자가 될 수도 있다. 전세 사기는 청년 세대를 울리는 것을 넘어 우리 사회 전반에 악영향을 끼친다.

청년 세대를 살려야 미래가 있다

이처럼 청년 세대는 기득권의 무한 이기주의에 휘둘려 미래를 꿈꾸거나 도전하기는커녕 당장의 생존을 걱정해야 하는 처지에 몰렸다. 이런 사회에서 어떻게 미래를 준비할 수 있을까? 4차 산업혁명이니 디지털 전환이니 하는 것은 청년 세대가 없으면 이룰 수 없는 일이다. 하지만 그 주역이 되어야 할 청년들은 한순간에 가진 것 모두를 잃어버릴 수 있는 사회를 원망하고 정부와 정치를 불신하며 사회적으로 죽어가고 있다.

청년 세대를 살려야 미래를 기대할 수 있다. 그러자면 무엇보다 주거가 안정되어야 한다. 하지만 윤석열 정부는 말로는 청년을 외치면서 저소득 청년들을 위한 공공임대주택 예산을 삭감해 버리는 등 시대에 역행하는 정책을 펼치고 있다. 이 시대를 사는 청년들은 많은 것을 바라는 게 아니다. 월세를 지원하고 목돈을 마련할 방안, 보증금을 대여해주는 정책만으로도 우리는 청년들의 손을 잡아줄 수 있다.

40대 가장이 가정을 꾸려가는 것과 1인 세대인 청년이 자립할 때 드는 비용을 비교해 보면 단순히 생각해도 청년 세대의 자립 비용이 상대적으로 적다. 그러므로 이를 위한 지원책은 현실적으로 어려운 일이 아니다. 물론 가족의 생계를 책임지고 있고 40대만 넘어가도 구조조정이나 명예퇴직 등 퇴직의 압박을 받는 중년 세대의 지원 정책도 미흡한 것은 사실이지만, 이들은 적더라도 경제력이 있다고 볼 수 있고 부동산 등 자산을 갖춘 경우도 많아 청년 세대의 어려움에 비할 수는 없어 보인다. 이제 막 사회생활을 시작하는 청년들은 학자금 대출이나 생활 여건을 마련하기 위해 빚부터 안고 사회생활을 시작하는 경우가 많지 않은가.

청년 세대의 자립에서 가장 큰 비중을 차지하는 게 주거비용이다. 나도 대학 다닐 때 보증금 500만 원을 구할 길이 없어 친구와 함께 원룸에 산 적이 있다. 자산도 없고 신용 보증도 되지 않는 미취업 청년들은 그리 많지도 않은 월세 보증금마저 구하지 못해 이곳저곳을 전전하며 불안한 생활을 한다. 이러한 사태를 반영하듯 우울증에 걸리는 청년들이 갈수록 늘어나고 있다. 2022년 국민건강보험공단이 발표한 자료에 따르면, 우리나라 전체 우울증 환자 중에서 20대가 가장 많았다. 청년의 우울증 진단율은 5년 동안 두 배 가까이 폭증했다. 전문가들은 그 이유를 극심한 취업난과 부의 양극화, 과도한 스트레스 등이 겹친 것으로 보았다. 이 모든 게 생존과 관련한 기본적인 것이며 주거 문제 또한 이와 밀접한 관련이 있다. 취업이 안 되어 경제적으로 힘이 드니 결혼과 주거 공간 마련이 불가능하다는 생각에 우울증이 급격하게 늘어난 것이다. 당연히 이와 관련한 사회적 비용의 지출은 커질 수밖에 없다. 그러므로 취업을 비롯한 주거 문제를 해결해야 한다. 이 문제를 해결하면 청년 세대의 심리적 안정을 가져와 사회적 비용의 감소와 생산성 증대라는 선순환의 구조를 만들 것이다.

윤석열 대통령은 2023년 10월 국회 시정연설에서 건전재정을 강조하면서 "미래세대에 감당하기 어려운 빚을 넘겨주지 않기 위한 것"이라고 했다. 정말 그럴까? 정작 예산안을 보면 민주당의 비판대로 연구개발비(R&D) 예산의 삭감과 청년 예산의 대폭 축소, 기후 위기와 인구 구조 변화와 관련한 예산이 제대로 담기지 않았다. 이 모든 게 미래세대, 즉 지금의 청년 세대에게 필요한 예산인데 말이다.

어렵지만 꼭 해내야만 하는 청년 주거복지정책

우리나라는 청년 주거 빈곤이 아주 심각하다. 2020년 기준으로 청년 1인 가구 4명 중 3명이 저소득층이라고 한다. 또 2명 중 1명은 최저 주거 기준에도 미치지 못하는 환경에서 살고 있다. 1인 가구로 살고 있는 청년 대부분은 세입자다. 그런데 전세 사기와 깡통 전세 사건으로 보듯 우리나라는 세입자 보호가 취약한 사회다. 청년을 위한 주거 대책이 시급한 이유이다.

정부와 지자체는 청년의 주거 환경을 개선하기 위해 다양한 지원을 하고 있다고 말한다. 그런데도 왜 청년들의 주거 복지에 사각지대가 생기는 걸까? 취업난에 이어 전세 사기 등으로 불안에 휩싸여 살아야 하는 청년 세대를 위한 주거 복지는 어떻게 이루어져야 할까?

사실 이 문제에 대한 해법은 쉬워 보이지 않는다. 역대 정부들은 부동산 문제와 청년 문제를 함께 다루었지만 성공 모델을 만들지 못했다. 정말 심각한 것은 청년 세대의 주거 환경이 앞으로 나아질 수 있으리라는 희망이 보이지 않는다는 데 있다. 혹자는 청년 세대의 주거 복지 문제는 비단 우리나라만의 문제가 아니라 전 세계적인 문제라고 한다. 하지만 그렇다고 해서 어쩔 수 없는 일이라고 치부할 수는 없는 노릇이다.

윤석열 정부의 청년 주거 정책은 포장만 번지르르하다. 적극적으로 주택을 공급하고 규제를 완화하여 청년들의 내 집 마련의 꿈을 실현하겠다고 하지만, 주택 공급은 투기성으로 이어지고 거주 공간이 아닌 투자 상품으로서의 주택을 공급하는 정책이 대부분이라서 자산의 불평등을 오히려 공고하게 만들 여지가 크다.

앞서 부동산 문제에서도 살펴봤듯이, 청년 세대의 주거 복지도 공공성을 강화하여 해결해야 한다. 또한 실질적인 지원이 될 수 있는 정책이어야 한다. 정부가 쏟아내는 청년 주거복지 정책은 다양한 듯 보이지만 선정 기준이 까다롭고 엄격해서 혜택을 받을 수 있는 청년은 일부에 불과하다. 이런 정책은 금세 실효성을 잃고 만다. 더욱이 이런 정책에서조차 소외당하는 청년들은 어찌하란 말인가.

청년 주거 문제를 개인의 차원에서 봐서는 안 된다. 이 문제는 취업난, 비정규직의 증가, 폭등한 부동산 등 사회구조의 문제다. 청년들은 사회구조의 문제 때문에 주거 불안에다 삶의 불안까지 느끼며 위태롭게 살아간다. 주거 불안이 결혼과 자녀 출산에도 악영향을 끼쳐 저출산 문제를 더욱 심화시킨다. 즉 저출산 문제를 해결하기 위해서라도 청년의 주거 복지는 정책의 우선순위로 삼아야 한다. 하지만 다양한 청년 지원책이 나왔다고 해도 대출 등에 치우친 정책이라면 빛 좋은 개살구에 불과하므로 현실적인 여건을 고려해야 할 것이다.

┌──── 청년 세대 지원을 위한 법제화가 필요하다 ────┐

청년의 주거 복지를 비롯한 청년 세대를 위한 실질적인 지원은 법제화할 필요가 있다. 우리나라는 아직 이렇다 할 '청년법'이 없다. 윤석열 정부가 내놓은 청년기본법 개정안도 '모든 정부위원회에 청년위원을 위촉한다'는 게 전부다.

유럽을 비롯한 외국은 다르다. 청년실업에 대응하는 청년보장제도 등 EU 국가에서는 청년정책 관련 입법이 활발하다. 핀란드와 오스트리아, 아일랜드, 네덜란드 등에는 단일법으로 청년법이 있다. 청년의 성장 자립을 지원하고, 고용과 학습, 삶의 질과 협력 등 다양한 지원을 법제화한 것이다. 단일법령으로 제정했기 때문에 이 법을 근거로 부처 간 협력과 지원 정책 추진 체계의 기반도 마련했다. 독일과 프랑스, 스페인 등 단일법이 없는 나라는 보편적인 사회정책이 발달했다. 즉 별도의 법은 없지만 보편적 사회정책에 따른 다양한 청년지원정책을 펼치고 있다.

우리나라는 보편적 사회정책이 아직도 미흡하다. 사회안전망은 윤석열 정부 들어 되레 퇴행하고 있다. 이런 구조와 사회적 분위기에서는 보편적 사회정책에 기댈 게 아니라 단일법 체계를 갖추는 게 현실적인 방안이 될 수 있다. 이것이야말로 진정한 미래세대를 위한 것이고, 미래세대에 빚을 떠넘기지 않는 장치를 마련하는 것이다. 청년의 주거 문제도 해결하지 못하면서 미래세대를 위한다는 말은 가식과 위선일 뿐이다.

더불어 사는 사회를 만들려면

'더불어 사는 사회'.

모두가 행복하게 사는 사회가 되었으면 하는 마음에 벅차면서도 이웃과 정을 나누며 살던 때가 언제였는지 아련하다.

우리 사회는 더불어 살아가는 것보다 각자 알아서 잘 살아야 하는 사회가 되었다. 그것도 치열한 경쟁을 통해 승자와 패자가 갈리는 살벌한 이분법의 시대가 되었다. 양극화는 갈수록 심해지고 한 번 실패한 사람은 다시 일어서기가 너무나 힘들다. 나는 민주당이 이런 사회구조를 혁신하는 데 앞장서야 한다고 본다.

기본시리즈 3가지
기본 소득, 기본 주택, 기본 금융

지난 2022년 제20대 대통령 선거 때 민주당 이재명 후보는 기본사회위원회를 만들면서 대표 공약인 '기본시리즈 정책'을 내놓았다. 이 정책을 간단하게 소개하면 '기본 소득', '기본 주택', '기본 금융' 3가지이다.

기본 소득은 2024년까지 전 국민에게 1인당 연 100만 원씩 지급하고, 19세부터 29세까지는 청년 기본 소득 100만 원을 합쳐 200만 원씩 지역화폐로 지급하겠다는 정책이다. 재원 마련은 국토 보유세인 토지세, 탄소세 신설과 일반 재원, 조세 감면분 조정 등을 통해 마련하겠다는 계획이었다.

기본 주택은 건설 원가 수준의 임대료로 30년 이상 거주할 수 있는 기본 주택을 임기 동안 100만 호를 공급하겠다는 정책이다. 주택도시부, 부동산 감독원 등 부동산 전담 기구를 설치하고, 장기 임대주택을 일괄 관리할 수 있는 전담 기관도 신설하겠다고 했다.

기본 금융은 전 국민을 대상으로 1,000만 원까지 장기 저금리 대출과 일반 금리보다 높은 기본 저축을 할 수 있도록 한다는 게 핵심이었다.

이재명 대표의 '기본시리즈 정책'은 국민의 삶을 지켜주는 사회를 만들겠다는 의지를 정책으로 구현한 것으로 이 사회의 약자를 위한 사회적 안전망을 구축하겠다는 것이다. 기본 사회를 만드는 데 들어가는 비용은 앞서 말한 재원 마련 방안과 함께 단계별 복지와 소득별 복지 등에 들어가는 행정 비용을 줄이면 가능하다. 무상 급식과 같은 논리다.

나는 지난 대선 때 기본사회위원회 세종공동위원장으로 활동했다. 지역에서 지역민의 삶을 지켜봤던 나로서는 이 '기본시리즈 정책'의 필요성을 절감하고 있다. 사회안전망이 취약한 상황에서 인간다운 삶의 토대를 지켜주는 것은 미래를 위한 투자라고 생각한다.

국민의 기본권을 재구성한 기본사회와 기본 소득

기본사회는 21세기 사회가 필요로 하는 새로운 사회, 대한민국 국민의 기본권을 재구성한 사회를 뜻한다. 헌법에서 보장하는 기본권 중에서 인간다운 생활을 할 권리를 재구성한 것이다. 신자유주의 광풍 이후 우리 사회는 인간다운 생활조차 위협받는 상황이 되었다. 이런 사회에서는 저출산과 고령화, 기후 위기와 탄소 중립, 디지털 전환 등 각종 이슈가 묻힐 수밖에 없다. 먹고사는 문제가 해결되지 않는 상황에서는 어떠한 이슈도 피부에 와 닿지 않는다.

기본사회는 모든 국민을 대상으로 하는 사회공동체의 구상이다. 가난한 이들만 대상이 아니다. 복지의 사각지대를 없애고 낙인과 모멸감을 주지 않는 새로운 분배의 정의이다. 나는 지난 대선 당시 중앙본부와 기본시리즈의 방향을 공유하며 우리 사회의 현재와 미래를 분석하고 가늠해 보았다. 그 결과 기본시리즈의 내용은 더 이상 미룰 수 없는 사회적 과제였다. 세종 지역에서 기본시리즈와 관련한 세미나와 홍보를 도우면서 우리 사회의 건강한 생태계를 만들어야 한다는 나의 믿음은 갈수록 확고해졌다.

물론 대선 기간 동안 기본시리즈, 기본사회에 대한 우려의 목소리도 적지 않게 들었다. 지역 구석구석을 돌아다니며 이 정책을 설명하다 보면 나이를 불문하고 '돈 주면 애들 일 안 한다'는 이야기를 하는 분들이 꼭 있었다. 이는 기본시리즈와 기본사회에 대한 가장 큰 오해이자 반대의견의 핵심이었다.

기본 소득을 준다는 건 일을 안 해도 될 만큼 절대 금액을 준다는 게 아니다. 힘을 내어 앞으로 나아갈 최소한의 금액을 지급해 인생의 산을 함께 오르는 동반자 역할을 기대하는 것이다.

지난 2008년에 아프리카 나미비아에서 기본 소득 실험을 한 적이 있다. 한 시골 마을에서 나이와 직업에 상관없이 매달 우리 돈으로 9,000을 지급했다. 그렇게 2년 동안 기본 소득을 지급하자 주민들의 삶이 바뀌었다. 판자촌이 즐비한 시골 마을 주민들은 그 돈을 종잣돈 삼아 가게를 열었고 소작농 시절보다 소득이 20배 이상 높아졌다. 기본 소득 실험 이후 빈곤선 이하의 최하층민 수는 실험 전의 76퍼센트에서 37퍼센트까지 내려갔다. 1인당 소득도 기본 소득을 제외하더라도 1년 만에 29퍼센트가 올랐다.

기본 소득의 효과가 아프리카 나미비아처럼 가난한 나라에서만 통할 것이라는 주장도 많다. 그러나 미국이나 스위스 등 이른바 선진국에서도 기본 소득 실험은 긍정적인 결과를 보였다. 미국 캘리포니아 스톡턴시에서 이루어진 기본 소득 실험은 무작위로 뽑은 시민 125명에게 18개월 동안 매월 500달러의 기본 소득을 주는 것이었다. 이후 조사를 해보니 수급자 중 2퍼센트만 구직을 단념했을 뿐 나머지 98퍼센트는 더 나은 일자리를 구하는 데 기본 소득을 활용했다고 한다. '돈을 주면 일 안 한다'라는 말이 무색해지는 통계다.

급변하는 미래 환경을 대비하는 기본 소득

기본 소득은 탄소세와 연계해 재원 마련뿐만 아니라 탄

소 중립 실현에도 기여한다. 스위스는 탄소세로 거둬들인 세수 65퍼센트를 기본 소득으로 나눠주는 '탄소 기본 소득' 정책을 도입했고, 캐나다는 탄소세 수입의 90퍼센트를 기본 소득으로 나눠주고 있다. 이처럼 기본 소득은 선진국과 후진국 구분 없이 한 사회의 건강한 경제 생태계를 만드는 데 일조한다. 개인의 삶과 경제활동을 지원하는 것뿐만 아니라 지역의 경제를 살리는 데 보탬이 되는 것이다. 즉 기본 소득으로 국민의 생활에 여유가 생기면 소비활동이 증가해 내수 진작 효과를 기대할 수 있고, 민주당의 대선 공약처럼 기본 소득을 지역화폐로 지급하면 소상공인의 매출 상승도 바라볼 수 있다. 게다가 세수도 늘어난다. 기본 소득으로 받은 돈을 동네 가게에서 쓰면 부가가치세가 다시 환수되고, 소상공인의 소득이 늘어나면 소득세도 더 걷히기 때문에 기본 소득 지급과 세수 확보는 선순환 구조가 만들어진다.

나는 얼마 되지 않는 돈이라도 기본 소득이 주어지면 삶을 지탱하는 버팀목이 될 것이라 믿는다. 내가 20대에 감정평가사 공부할 때였다. 아버님 친구분께서 부모님 몰래 나에게 30만 원을 손에 쥐어주시면서 꼭 합격하라고 말씀하신 적이 있다. 그 30만 원의 힘은 대단했다. 돈이 모자라 미처 사지 못했던 전문 서적도 살 수 있었고, 좋지 않은 공부 환경을 바꾸기에도 충분한 돈이었다. 나는 많지 않은 그 돈으로 인생의 산 하나를 넘을 수 있었다.

기본 소득을 비롯한 기본시리즈의 중요성은 또 있다. 4차 산업혁명이라는 새로운 패러다임이 어떻게 닥쳐올지 모르기 때문이다. 스마트공장이 인간의 노동력을 대체하고 있다. 이런 변화는 단순히 일자리가 줄어드는 문제로만 봐서는 안 된다. 일자리 감소보다 일자리 전환에 초점을 맞춰야 한다. 즉 바뀐 노동과 산업구조에 맞춰 일자리의 성격이 바뀌는 것에 대비하는 사회적 안전망이 필요하다.

지금 전 세계는 4차 산업혁명과 디지털 전환이 가져올 산업구조에 온 신경이 쏠려 있다. 그러나 산업만 바뀌는 게 아니다. 이에 따른 노동과 일자리, 즉 삶의 방식도 바뀐다. 우리 사회에서 이와 관련한 사회적 논의와 공론화는 아직 미흡하지만, 독일의 예를 보더라도 산업구조의 개편은 노동의 변화에 대한 대응으로 이어져야 한다.

제조 강국인 독일은 디지털 전환을 통한 혁신으로 산업구조의 재편을 꾀하면서 노동자의 일자리 전환 등 새로운 산업환경에 맞춘 노동의 변화에 대응하였다. 4차 산업혁명에 대비해 산업구조를 전면적으로 혁신하고 개편하는 이른바 '인더스트리 4.0'이다. 독일은 이에 그치지 않았다. 인더스트리 4.0을 보완하고 대응하는 사회적 노동정책인 '아르바이텐 4.0'을 수립했다. 이는 디지털 전환을 앞두고 자동화나 무인화가 아닌

'사람'에 초점을 맞춘 정책으로 디지털 전환을 하더라도 인간 중심의 노동 조직을 만들겠다는 의지를 드러낸 것이다. 즉 디지털 전환이 되더라도 일자리뿐만 아니라 양질의 노동을 이어갈 수 있도록 사회적인 조건과 규칙 등을 마련한 것이다. 독일 정부는 이러한 정책을 수립하기 위해 일찌감치 사회적 논의를 거쳐 2016년에 백서를 발간했다.

아르바이텐 4.0에는 기본사회와 관련하여 참고할 만한 사항이 있다. 노동의 질을 유지하기 위해 소득과 사회안전망의 확보를 우선시했다는 것이다. 또 양질의 노동을 제공할 수 있는 기회를 모두에게 열어놓고, 생애 단계에 따라 변화하는 다양성을 새로운 표준으로 인정할 것을 강조했다. 기업 경영과 관련해서는 공동결정과 참여, 기업문화 고려 등이 필요함을 내세웠고, 이러한 기조로 구체적인 정책 방안을 제시했다.

알다시피 독일은 전 세계 자본주의 국가 중에서도 상위권에 있는 선진국이다. 이 나라의 정책을 보고 공산주의라고 말하는 사람은 거의 없다. 그런데도 우리 사회는 기본사회, 기본시리즈를 이야기하면 '공산주의'냐고 색깔 논쟁으로 몰아붙이곤 한다. 나는 우리도 독일처럼 급변하는 현실과 미래를 대비하기 위해 기본사회와 기본시리즈를 도입할 필요가 있다고 생각한다.

욕망의 정치에서 벗어나자

이 책을 쓰고 있는 요즘, 김포시의 서울 편입이 이슈로 떠올랐다. 나는 이 소식을 듣고 마음이 착잡했다. 아무리 총선이 급하다고 해도 이런 식의 국정은 곤란하다. 가뜩이나 지방소멸을 걱정해야 하는 마당에 서울의 덩치를 더 키운다는 건 말이 되지 않는다. 윤석열 정부도 국가균형발전을 하겠다고 하지 않았는가. 소리만 요란했던 것인가. 김포시의 서울시 편입이 지역을 홀대하고 포기하겠다는 것과 대체 무엇이 다른가.

수도권, 특히 서울로 인구와 경제적 인프라 등이 쏠리는 것을 막고 지역 균형발전을 이루겠다고 지방에서 행정구역 통합을 하겠다는 것을 반대한 쪽이 바로 국민의힘이다. 그러고 는 메가시티 서울을 당론으로 채택하다니 누가 봐도 노골적으로 서울만 살리고 죽어가는 지방은 방치하겠다는 것이다. 그동안 서울만 확장하는 비대칭적인 성장의 문제점은 여야, 보수와 진보를 막론하고 동의한 사안이다. 그런데도 지방을 살리는 자치분권과 균형발전이 아니라 메가시티 서울이라니 어처구니가 없다.

메가시티 서울은 수도권과 지방의 불균형이라는 문제의 본질을 망각한 것이다. 서울의 확장은 고질적인 우리 사회의 문제점인 집값 상승과 교육 문제의 불균형 등을 심화시키는 등 국가 미래에도 도움이 되지 않는다. 이러한 공약을 내놓는다는 것은 아무리 봐도 선거용이라고밖에 생각할 수가 없다.

선거를 앞두고 욕망을 부추기는 공약이 판친다

김포시의 서울 편입 때문에 주변 다른 도시들도 시끄럽다. 하지만 이 공약은 왠지 기시감이 있다. 바로 2008년 총선을 떠올리게 하기 때문이다.

지금 국민의힘의 전신인 한나라당은 당시 뉴타운 개발 공약을 내세웠다. 그 덕분에 당시 서울 48개 지역구 중에서 40석의 국회의원 의석을 획득했다. 공약의 어마어마한 효과였다. 당시 뉴타운 공약으로 부동산 시장은 요동쳤다. 현 서울시장인 오세훈 시장이 당시 시장이었는데, 그는 이미 총선 이전에 자신의 지방선거 때 뉴타운 공약을 내걸었었다.

낙후된 강북을 강남처럼 만들겠다는 공약에 서울 안에서도 지역 불균형을 겪고 있던 시민들은 크게 동요했고, 결국 한나라당을 선택했다. 그러나 선거가 끝나자 뉴타운 사업은 없던 일이 되어 버렸다. 글로벌 금융위기로 부동산 경기가 가라앉았다는 이유에서였다.

이때의 일은 우리에게 두 가지를 시사한다. 첫째는 욕망의 정치다. 둘째는 국민에 대한 기만이다. 욕망의 정치는 포퓰리즘 정책을 남발하여 사익 추구를 부추긴다. 공적 이익과 흔히 말하는 공동선은 실종되거나 현실을 모르는 순수한 바보의 레토릭으로 치부된다. 자본주의 사회에서 사적 이익을 추구하는 것은 잘못된 일이 아니다. 다만 사적 이익만을 무한 추구하는 사회는 공동체의 근간을 흔들 수 있다. 적어도 정부와 정당은 사적 이익보다 공익과 공동선을 추구하며 공동체의 기본을 지킬 의무가 있다. 공익과 사익의 조화, 공동선을 통한 공동체의 건강과 발전을 도모해야 한다.

국민은 바보가 아니다

국민에 대한 기만은 2008년 총선으로 확인됐다. 국민의힘은 표만 얻고 실제로는 더 나은 삶을 보장해 주지 않았다. 그런데도 '헌 집 주면 새집 받는다'는 얄팍한 선거 구호가 먹혔던 재미를 이번에도 보겠다고 메가시티 서울을 들고나온 것이다. 김포뿐만 아니라 하남과 광명 등 다른 도시까지 들쑤시며 국민을 기만하고 있다.

욕망의 정치와 국민에 대한 기만은 심판받을 수밖에 없다. 국민의 욕망을 건드려 표를 얻으려는 기만책은 더 이상 묘수가 아니다. 실현 가능성이 낮은 공약이라는 것을 국민은 꿰뚫어 보고 있다. 리얼미터의 여론 조사 결과에 따르면, 경기도민의 66.3퍼센트가 김포시의 서울 편입을 반대한다고 응답했다. 또 다른 여론 조사에서도 김포에서마저 반대의견이 61.9퍼센트로 찬성보다 두 배 정도 높게 나왔다.

상황이 이런데도 국민의힘과 정부는 통계까지 조작하여 가짜뉴스를 퍼트리는 등 사안을 밀어붙이고 있다. 김포시 인구의 85퍼센트가 서울로 출퇴근한다고 했는데, 사실을 정확하게 말하자면 '서울로 출퇴근하는 인구의 85퍼센트가 김포골드라인 지하철을 타고 출퇴근하는' 것이다. 국민의힘과 정부의 말대로라면 김포시 인구가 약 50만 명이니 85퍼센트라고 하면

약 40만 명이 넘는 인구가 서울로 출퇴근을 하는 셈이다. 남녀노소 할 것 없이 김포시민 대부분이 출퇴근을 한다는 것인가? 상식적으로도 말이 되지 않는다. 실제 김포에서 출퇴근하는 인구는 대략 6만 명 정도라고 밝혀진 바가 있다. 그런데도 국민의힘과 정부는 이런 가짜뉴스를 근거로 내세우고 있다.

또한 김포시의 서울 편입 건은 오히려 김포시민들의 숙원사업 해결에 전혀 도움이 안 된다. 김포시민들의 가장 큰 숙원사업은 교통 문제 해결이다. 광역철도인 5호선 연장사업이 조속히 이루어지기를 원하고 있다. 이 사업은 국비가 70퍼센트가 투입된다. 하지만 김포시가 서울로 편입되면 40퍼센트까지만 국비를 지원받을 수 있다.

실현 가능성이 작고 명분도 없고 공감할 수도 없는 김포시의 서울 편입 공약은 지방을 살리겠다는 정부의 국정 기조와도 어긋난다. 어찌 보면 대국민 사기극이자 기만이다. 도대체 이런 정부와 정당을 어떻게 믿고 국정을 맡길 수 있겠는가.

2부

**더 나은
세종시의
미래를 꿈꾼다**

새로운 수도로서의
세종시를 준비하자

　　세종시는 행정도시다. 사실상의 행정수도다. 그러나 지방으로 이전한 정부 기관에 근무하는 직원의 이야기를 들어보면 아직도 세종을 정주와 삶의 터전으로 여기는 분위기는 아닌 듯하다. 이는 정부 기관의 소재지가 지방이더라도 실제로는 서울에서 근무하는 경우가 많은 탓도 있다. 물론 서울이 수도이고 또 대부분의 국정 운영이 서울을 중심으로 이루어지는 터라 어쩔 수 없는 일이라 치부할 수도 있다. 하지만 그래서 더욱 세종으로의 수도 기능 이전이 이루어져야 한다. 국회의사당 이전은 그래서 더 반갑다.

조선시대 세종대왕의 묘호를 따라서 '세상의 으뜸'이라는 의미를 담은 세종시는 대한민국 정부 기관이 한데 모여 행정복합도시 기능을 하기 위해 만들어졌다. 또한 세종시는 국토의 균형발전을 이루고 서울과 수도권 중심의 과밀화를 해소하는 시대적 과제 해결을 위한 특별자치시이기도 하다. 그렇다면 세종시는 과연 그 의미와 의도대로 발전하고 있을까?

지난 10년을 되짚어 보면 세종의 미래는 지금이 가장 중요해 보인다. 처음 가졌던 기대가 어떻게 됐는지와 앞으로 어떤 방향으로 가야 할지 심사숙고할 때다. 세종시가 독립적인 생활권, 경제권, 삶의 터전으로서 그 기능을 제대로 발휘하는지 따져볼 시기가 됐다. 특히 세종시만의 색깔이 무엇인지 고민하고 도약의 미래를 준비해야 한다.

지금의 세종시에서 느껴지는 이미지는 무엇일까? 우선 가장 먼저 떠오르는 이미지는 중산층의 도시, 공무원 사회 중심의 도시이다. 그리고 왠지 활력이 없는 회색 도시 같은 느낌이다. 세종시에 사는 사람들의 평균 연령은 38.5세로 전국에서도 가장 젊은 도시에 속한다. 그런데 회색 도시라니?

세종시에 살면서 왜 도시가 활기차다는 생각이 들지 않는지 생각해 보았다. 곰곰이 그 이유를 짚어가다 보니 세종시는 다양한 계층과 집단이 섞여 사는 구조가 아니었다. 중산층의 도시라고 하면 누구나 쾌적하고 행복한 삶을 누릴 수 있다는 희망을 품는다. 그런데 이를 위해서는 두 가지 질문을 충족시켜야 한다. 첫 번째는 구성원의 잠재된 욕구를 충족시켜 주는 도시인가 하는 질문이고, 두 번째는 다양한 계층에게 열려있는 도시인가에 대한 질문이다. 이 두 질문에서 세종시는 '행정복합도시'라는 것 외에는 딱히 떠오르는 이미지가 없는 것이 문제였다.

대한민국 수도로서의 면모를 갖춰야 한다

국회의사당이 세종시로 이전한다는 것은 매우 상징적인 의미가 있는 것이라서 아마 국민 대다수가 세종시가 곧 수도가 될 거라고 기대할 법하다. 행정기관에 이어 입법기관까지 세종에 오면 세종은 명실상부한 수도의 역할을 하게 된다. 분명 국회의사당이 세종시로 오는 것은 다시 한번 도약의 기회가 될 것이다. 그러나 국회의사당이 온다고 해서 저절로 도시가 발전하는 것은 아니다.

세종시의 미래는 결국 우리나라의 새로운 수도에 걸맞은 위상을 갖추느냐에 달려 있다. 그것에 맞게 세종의 미래를 그려야 한다. 그러나 지금의 세종시를 보면 아쉬움이 크다. 초기 인프라 조성을 하면서 수도 건설을 충분히 예상하지 못한 상태에서 투자하고 구축을 한 게 아닌지 우려스럽다.

당장 도로만 보더라도 수도로서의 면모를 찾아볼 수가 없다. 거창한 도시계획이 아니라 생활 정치의 관점에서 봐도 금방 알 수 있다. 도로 폭이 좁아 교통량이 조금만 많아져도 도로가 정체되고 주정차를 할 갓길이 부족하다. 자동차 위주의 도시가 아니라 자전거나 도보, 대중교통 이용을 주안점으로 두고 계획된 도시이기 때문이다. 만일 수도로서의 면모를 갖추고 확장성을 가질 거라고 예상했다면 친환경, 대중교통 중심의 도시계획만을 고집하지는 않았을 것이다. 더군다나 수도로서 기능을 하는 도시라면 외지인의 방문이 많을 수밖에 없는데 자전거나 도보 위주의 도시는 불편하지 않겠는가. 이에 대한 개선이 필요하다.

세종시의 현재와
미래를 위한 로드맵

┌──────── 10년 된 세종시, 어디까지 왔을까 ────────┐

행정기관들에 이어 국회의사당 이전으로 정치의 수도가
될 세종시는 세종시만의 색깔을 갖춘 행정과 정치 수도로서의
면모를 갖춰야 한다. 유례가 없는 모험과 도전으로 세종시의
비전을 만들어 나가야 한다. 미래도시이자 정치와 행정의 중심
도시로 가기 위한 로드맵을 짜나가야 한다.

세종시의 비전은 대한민국 전체의 비전과 다름없다. 당장
이러한 비전을 이루려면 수도조항의 명문화, 대통령 세종 집무

실의 단계별 이전이 조속히 추진되어야 한다. 그리고 대부분의 중앙행정기관과 대통령 직속 위원회가 이전하는 등 실질적인 조치가 이루어져야 한다. 그렇게 되면 세종시는 국가균형발전과 민주주의, 더불어 사는 공동체의 미래를 가늠할 시금석이 될 수 있으며, 수도권 특히 서울로 초집중되는 불균형을 개선하는 도시가 될 것이다.

건설된 지 10년이 지난 지금, 세종시는 행정중심복합 기능을 갖춘 도시로 안정화되어 가고 있다. 행정에 이어 입법, 정치까지 대한민국의 중심이 되기 위해 법과 제도적 뒷받침이 구축되었고, 대한민국 미래도시이자 수도를 표방하는 만큼 스마트시티 국가시범도시로 지정되어 최첨단 기술 기반의 사업이 진행되고 있다. 또한 모빌리티, 교육, 에너지, 문화, 헬스케어 등 국가적 미래 과제를 선도할 예정이다.

미래 수도로서 완성되는 세종시는 새로운 역사와 문화가 결합하여 누구나 살고 싶어 하는 도시이자 세계적인 도시가 될 것이다. 그러나 단지 수도의 기능만 갖춘다고 독립적인 경제권과 생활권을 갖출 수는 없다. 문화 산업과 관광 산업, 그리고 소프트웨어 산업 등 미래도시의 면모를 갖춘 세종시가 되어야 한다.

문화와 관광 측면에서 봤을 때 아직도 많은 사람이 세종시만의 매력이 무엇인지 알 수 없다고 한다. 한 국가의 수도로서

뿐만 아니란 문화와 관광이 어우러져야 비로소 세종시는 국제적인 도시로 발돋움할 수 있다. 미국 워싱턴D.C의 내셔널 몰처럼 한 국가의 역사와 전통을 품고 문화적 인프라까지 갖췄을 때 관련 산업의 발전까지 기대할 수 있다.

문화와 관광 도시로서의 로드맵

관광 생태계 조성은 세종시가 반드시 갖춰야 할 과제이다. 행정도시로 조성된 말레이시아 푸트라자야를 보면 종교 시설을 짓더라도 관광을 염두에 두고 조성하고 있다. 이처럼 어떤 시설을 짓더라도 관광과 연계된 세종시만의 독특하고 차별화된 관광자원을 개발해야 한다. 예컨대 조성이 확정된 국회 세종의사당도 미래도시이자 세계도시 세종시에 걸맞은 준비가 필요하다. 그저 빨리 지어 문을 여는 게 목표가 되어서는 안 된다.

나는 세종시에 미술관과 박물관, 공연장, 도서관 등을 소도시 규모가 아니라 국가를 대표할 수 있는 문화적 인프라로 구축하기 위해 노력할 것이다. 세종시가 하나의 문화적 생태계가 되어 행정과 정치뿐만 아니라 문화의 수도로서도 상징성을 갖추기를 바라기 때문이다. 이를 위해 문화예술과 관련한 지원

규모를 확대하고 문화예술인의 육성과 창작활동을 지원하는 정책적 뒷받침이 이루어질 수 있도록 노력하겠다. 관련 예산의 국비 확보와 정책 프로그램 등은 스마트시티 구축 못지않게 이루어져야 한다. 문화와 관광 산업은 도시의 구색 갖추기가 아니라 세종시의 성장 동력으로 바라봐야 한다.

교육 도시로서의 로드맵

문화와 관광, 행정과 정치의 요람으로 만들려면 교육적 인프라를 갖춰야 한다. 세종시는 그동안 대학을 유치하기 위해 노력했으나 현재 대학 인프라가 매우 부족한 형편이다. 수도권의 사립대학, 외국대학 신설 이전 등 다양한 방안을 강구해왔지만 줄어드는 신입생 수와 구조조정으로 전국의 대학들이 생존을 위한 자구책 마련에 나선 상황에서 대학의 이전이나 신설이 쉬울 리 없었다. 다행히「국립학교설치령」이 개정되어 수도권과 충청권에 있는 국립대학은 세종에 캠퍼스를 둘 수 있게 되었다. 이에 따라 세종시는 2024년 개교를 목표로 행복도시 공동대학캠퍼스 공사가 한창 진행 중이다.

대학 유치는 당위적인 필요성만으로 추진해서는 안 된다. 대학의 입주는 지역에 새로운 활력을 불어넣고 인재를 모으는 효과가 있다. 그러나 대학이 들어오면 주변 상권이 발달한다는 등의 발상으로 추진해서는 안 된다. 실제로 지역의 많은 지자체가 명확한 미래 비전과 차별화된 목적 없이 대학을 유치하거나 신설한 결과, 많은 지방 대학이 구조조정의 대상이 되거나 폐교 혹은 폐교의 길을 걷고 있다.

대학을 유치하는 것보다 더 중요한 것은 세종시에 걸맞은 대학으로 키우는 일이다. 즉 세종시에 들어설 대학과 대학원은 특화된 전문성을 갖추어야 한다. 행정과 정치, 문화와 관광 산업과 연계할 수 있는 인재의 요람이 되어야 한다. 이와 더불어 세종시의 경제적인 부분과 자족 기능을 활성화할 촉매제의 역할을 하는 대학이 되어야 한다.

좀 더 부연하자면, 교육 분야만큼은 행정과 정치의 중심 도시로 대표되는 세종시의 특성을 고려해야 한다는 것이다. 행정과 문화, 복지 등에 관한 연구 중심 특성화대학 설립이 필요하다. 지방소멸로 사라질 위기에 처해 있는 지방대의 모습을 보면 각 지역에 맞는 특성화 대학으로의 전환은 대학과 지역의 미래를 좌우할 무기가 될 수도 있다. 대학뿐만 아니라 초·중·고 교육을 위한 교육 인프라와 관련 산업도 우리가 만들어야 할 세종시의 모습이다. 미국 워싱턴D.C에 있는 조지타운대학교와 같이 수도를 대표하는 대학과 교육은 그 도시의 상징이 된다.

낮은 경제자립도는 해결해야 할 문제

요즘 세종시를 오가면 마음 한구석이 아리다. 행정수도의 완성을 위해 한 걸음씩 내딛고 있지만 낮은 경제자립도라는 문제를 계속해서 드러내고 있기 때문이다. 길을 가다 보면 텅 비어 있는 상가가 즐비하고, 실제 정주하는 인구가 얼마나 되는지 의심이 들 수밖에 없는 소비 부진이 심각하다.

행정중심복합도시에 이어 국회의사당이 들어오면 분명 도시의 미래에 도움은 되겠지만 도시의 성장은 공공기관의 입주만으로는 한계가 있다. 즉 자족 기능을 갖추려면 스마트시티, 문화관광산업, 강소기업 유치 등 종합적인 계획과 활동이 필요하다. 가뜩이나 경제자립도가 낮은 도시이다 보니 상가 공실의 증가 등 산적한 문제를 해결하기 위해 특단의 조치를 강구해야 한다. 주거를 시작으로 문화와 교육 등 다양한 산업과 연결하여 미래의 먹거리를 준비해야 세종시의 앞날과 대한민국의 미래를 그릴 수 있다.

세종시를 위해 나선
존경하는 정치인들

　　세종시의 정치는 이제 막 기지개를 켜고 있다. 내가 세종시와 관련하여 존경하는 정치인은 세 분으로 노무현 대통령, 이해찬 총리, 이춘희 시장이다.

　　노무현 대통령은 사실 세종시를 떠나 존경하는 분이다. 평생을 기득권과 싸웠던 그는 편하게 살 수 있는 변호사의 길을 마다하고 언제나 국민과 사회적 약자의 편에 선 분이다. 그 길은 개인의 안위와 영달을 포기하고 나선 고난과 투쟁의 길이었다. 나도 고시를 거쳐 전문직이 되었기 때문에 내가 가진 것을 포기한다는 것이 얼마나 어려운지 조금은 짐작할 수 있다. 그래서 정치적 이력 말고도 그분이 삶을 대하는 자세와 국민을 위한 마음이 얼마나 큰지 느낄 수 있다.

노무현 대통령은 단지 약자의 편에만 선 것이 아니라 국가 전체의 발전과 미래를 위한 전략적 사고를 갖춘 분이셨다. 그분의 미래 전략은 대한민국 전체를 균형감 있게 생각하는 국가 균형발전의 상징 세종시로 이어졌다. 그전까지 국가균형발전은 정치에서 그다지 우선순위에 있지 않았다. 모든 게 서울 중심이었고 서울에만 편익이 몰리는 구도를 바꾸려는 노력 또한 보이질 않았다. 그러나 노무현 대통령은 달랐다.

낯선 시도, 즉 혁신은 늘 저항에 부딪힌다. 국가균형발전을 위한 수도 이전 또한 수도권과 서울, 기득권의 거센 반발에 직면해야 했다. 그 결과는 어처구니가 없었다. 2004년 10월, 헌법재판소는 「신행정수도 건설특별법」이 '수도가 서울이라는 것은 불문헌법'이라는 이유로 위헌 결정을 내렸다. '관습'을 내세워 그런 결정을 내린 헌법재판소의 관습헌법 이론에 정치권과 학계뿐만 아니라 국민도 쉽게 수긍하지 못했다. 행정수도 이전과 관련한 위헌 결정은 국가균형발전에도 상당한 타격을 주었다.

노무현 대통령은 국가의 미래와 발전을 위해 헌신하셨다. 그동안 대한민국이 이룩한 경제발전의 성과가 과연 전 국민,

전 지역에 골고루 돌아갔는지 성찰하고 균형 있게 분배하려는 정신을 보여주셨다. 권위주의의 청산과 더불어 국가의 균형발전을 위해 그토록 헌신하였지만, 그는 관습에 얽매인 기득권과 후진적인 정치 때문에 절반의 성공만을 거두고 말았다.

이해찬 총리는 공적 마인드로 모든 일을 대하는 분이다. 풍부한 정치 경험과 감각은 아직도 젊은 정치인에게 귀감이 된다. 특히 그는 노무현 대통령의 꿈인 국가균형발전을 위해 과감히 세종시로 지역구를 옮기는 희생정신을 발휘하셨다. 그 덕분에 세종시가 현재의 모습으로 안정될 수 있었다.

세종시 발전의 버팀목이 된 이해찬 총리는 세종시 완성이 원동력이자 대한민국 정치사에도 중요한 역할을 하신 분이다. 나는 이해찬 총리의 올곧은 성품과 정치를 보면서 청년 정치뿐만 아니라 내가 가야 할 정치의 길을 여러 번 곱씹곤 한다. 개인의 이익과 명예보다 국민과 사회공동체를 위해 무엇을 해야 할지 고민하며 나의 길을 그려보고 있다. 그분의 회고록에 나온 "가치는 역사에서 배우고 방법은 현실에서 찾는다."라는 말처럼 올바른 정치의 길을 끊임없이 고민하면서도 그 실현은 치열한 현실적 고민에서 찾아야 한다는 것을 새삼 깨닫고 있다.

이춘희 시장은 탁월한 행정가이자 도시전문가다. 이춘희

시장이야말로 세종시의 처음과 끝이라고 해도 지나치지 않는다. 세종시에 대해서 이분보다 많이 아는 사람은 단연코 없을 것이다. 계획부터 완성까지 세종시가 명실상부한 대한민국 행정 중심이 될 수 있었던 이유는 바로 이춘희 시장의 능력 덕분이다.

노무현, 이해찬, 이춘희 세 분은 세종시와 관련해서 정치 1세대라고 부를 수 있는 분들이다. 이분들이 계획하고 추진한 세종시가 완성되고 있다. 국회의사당 이전에 따라 행정에 이어 입법과 정치까지 대한민국의 중심이 되는 세종시는 이제 새로운 그림을 그릴 때가 되었다. 글로벌 시대에 세종시가 국제도시로 성장할 수 있도록 힘과 지혜를 모아야 한다. 나는 연기군 시절부터 세종시 완성까지 지켜본 세종 토박이로 그 누구보다 세종시에 애정을 가지고 일할 수 있다고 자부한다. 세대별 균형, 도시적 균형, 세계적 균형을 이끌 수 있는 40대 정치인으로 당당히 세종시 2세대, 그리고 대한민국 민주정치 4.0의 정치인으로 도전하는 이유다.

3부

민주정치 4.0
시대를 열다

또 한 번 세대교체의
시기가 왔다

정치에서 세대교체는 마법과도 같은 단어이자 계륵과도 같은 말이다. 정치가 마음에 들지 않고 고인 물에 불과하다는 생각이 강하게 들 때면 '세대교체'만큼 강력한 카드가 없다. 우리 정치사에도 세대교체는 늘 국면 전환이나 당 혹은 대선주자들의 지지율 확보에서 회심의 카드로 쓰이곤 했다. 그러나 세대교체가 늘 성공한 것은 아니다. 인위적인 세대교체는 반짝 이목만 끌었을 뿐, 기득권의 들러리로 서는 경우도 적지 않았다.

86세대의 정치적 역할과 세대교체

우리 정치 지형에서 86세대 정치인들의 세력은 아직도 막강하다. 특히 진보 세력에서 86세대의 입김은 여전하다. 그런데 이 세대에 대한 강력한 세대교체 요구가 있다. 86세대는 생물학적으로 60년대생, 80년대 학번을 뜻하지만 정치적으로는 87년 6월 체제에 뿌리를 두고 있다. 지금의 정치체제, 즉 직선제로 선출하는 대통령 5년 단임제를 대표로 하는 정치체제와 함께하는 세대다. 민주화 운동의 적자이자 주역이었던 그들이 지금 한국 정치의 중심에 있다.

나는 86세대의 정치적 역할과 성과를 부정하지 않는다. 그들은 군부독재에 항거하며 자신의 청춘을 헌신했으며 심지어 일부는 목숨을 잃었다. 비록 야권의 분열로 87년 6월 항쟁의 과실이 군부독재의 또 다른 주역인 노태우에게 넘어갔지만, 시대의 흐름을 거스를 수는 없었다. 이후 우리나라는 문민정부를 거쳐 수평적인 정권 교체를 통해 김대중 대통령과 노무현 대통령의 시대가 열렸다. 이 과정에서 86세대의 역할은 매우 컸다.

우리 정치사를 돌아볼 때 세대교체가 낯선 것은 아니다. 김대중 대통령과 김영삼 대통령의 등장으로 세대교체란 말이 널리 알려졌고, 30여 년 전 86세대는 '386'이라는 이름으로 30대의 젊은 피를 상징하며 등장했다. 특히 86세대는 2000년과 2004년 총선을 기점으로 대거 국회에 진입한 후 지금까지 한국 정치의 주류로 자리매김하고 있다.

그리고 지금 또 한 번 세대교체의 시기를 맞이하고 있다. 86세대는 앞서 말했듯 민주화 운동과 함께하는 세대이다. 권위주의와 군부독재에 맞서고 민주화 운동에 앞장선 이들의 시대정신은 '권위주의의 청산'이었다. 노무현 대통령의 등장은 이러한 시대정신에 전폭적인 지지가 있었기에 가능했다. 그러나 지금은 어떤가. 지금은 다양성의 시대다. 기후 위기, 젠더, 경제 등 전 영역에서 새로운 가치를 추구한다. 기성세대와 달리 지금의 20~30대는 권위주의가 어느 정도 청산됐고 민주화도 이루어진 나라에서 나고 자랐다. 이들이 바라는 세상은 과거 세대와는 다소 다르다.

시대정신에 따라 세대교체가 일어났다

우리나라의 시대적 과제를 세대로 구분하여 정리해 보면 1세대는 일제 강점기로부터 독립하여 건국하는 것이었다. 2세대는 산업화와 경제발전, 즉 먹고사는 문제를 해결하는 산업화와 4·19혁명으로 상징되는 민주주의의 기초를 닦는 것이었다. 그다음 3세대는 민주화와 권위주의 청산이었다.

1, 2, 3세대의 시대적 과제는 이제 완료되었다. 그렇다면 21세기 중반으로 가고 있는 지금은 어떤 시대적 과제를 완수해야 할까? 나는 또 한 번 세대교체가 이루어져야 한다고 생각한다. 그러나 나이를 기준으로 한 세대교체는 아니다. 나이가 아니라 시대적 과제, 즉 시대정신의 교체를 말한다.

지금의 2040세대는 상당히 역동적이고 진취적이다. 다양한 영역에서 자신이 추구하는 가치에 따라 도전하는 세대다. 특히 40대는 이런저런 시행착오와 성과를 경험했다. 사실 어떤 시대든 40대는 도전과 경험을 겸비한 세대라고 볼 수 있다. 그런데 왜 지금 40대를 콕 집어 말하는 걸까? 바로 시대정신 때문이다.

세대교체는 대체로 30년 주기로 이루어진다고 한다. 그 말인즉슨, 한 사회가 대략 30년을 기준으로 패러다임이 바뀌는 경향이 있다는 것이다. 앞서 말한 정치 1세대부터 정치 3세대까지의 역사도 대략 그렇게 나눠볼 수 있다.

86세대가 등장한 지 30년이 가까워졌다. 더군다나 앞선 세대의 교체와는 달리 오늘날은 변화의 속도가 무척이나 빠르다. 아마 세대교체의 속도도 더 빨라질 것이다. 실제로 86세대 이후의 세력으로 97세대를 논하지만, 97세대 스스로가 말하듯 이들은 정체성을 구체적으로 말하기가 모호하다. 97세대는 20대에 동유럽의 몰락과 새로운 진보적 가치를 모색해야 했던 어수선했던 시기를 보낸 터라 이들은 세대로 묶이기보다 각자의 길을 모색하는 경향이 크다. 97년대는 86세대의 아젠다와 혼란스러운 시대적 상황의 틈바구니에서 아직 무엇이라 시대정신을 말하기 어려운 때였다.

새로운 시대정신은 08세대와 맞닿아 있다

내가 정치에 관심을 가졌을 때는 이명박 정부 시절이었다. 광우병 파동을 보면서 국민을 무시하는 정치는 안 된다는 생각에 촛불집회에 참여했다. 나 말고도 수많은 국민이 거리로 나섰다.

당시 촛불을 들고 거리에 나선 국민은 과거와는 다른 모습이었다. 무엇보다 시위나 집회 하면 으레 떠올리는 '운동권'의 깃발과 구호를 거의 볼 수 없었다. 많은 사람이 저마다의 깃발을 만들고 개성 있는 문구를 적어 정부의 횡포에 질서정연하게 맞섰다. 이 모습을 보며 나는 두 가지를 깨달았다. 하나는 다양한 국민의 목소리가 날것 그대로 나오기 시작했다는 것이고, 또 하나는 민주주의의 복원이 시대적 과제가 되었다는 것이다. 그때 광장에 모인 깃발과 피켓 문구를 생각하면 지금도 참 기발하다는 생각이 든다.

그때의 촛불집회를 보면서 86세대들은 적잖이 당황했다고 한다. 당시 언론이나 후일담을 보면 패러다임이 바뀌었다는 평가가 많았다. 단지 집회의 양상만 달라진 것이 아니었다. 집회를 주도하는 주체가 바뀌었고 집회 문화가 달라졌다. 이것이 의미하는 바는 너무나 컸다. 20세기 정치의 종식과 새로운 정치의 등장을 알리는 듯했다.

86세대의 정치는 절대 악과 절대 선의 이분법적 진영 논리에 갇혀 있다. 사안마다 다를 수 있는 판단을 하나의 잣대로 구분하려 한다. 사회적 약자의 논리도 지배층과 피지배층이라는 구분으로 바라보려고만 한다. 과거 민주화 시대에는 절대 악과 절대 선의 대립으로 정치를 하는 것이 가능했지만 지금은 다양성의 시대다. 흑백논리로 모든 것을 바라볼 수는 없다. 지난 대선을 기점으로 20대 남성들이 민주당에 등을 돌린 진정한 까닭을 알아야 한다. 그들이 보수화됐다고 한탄만 해서는 안 된다.

86세대 이후의 새로운 정치는 아직 자리 잡지 못했다. 혼란과 상실의 97세대, 청년 정치를 표방하지만 기득권과 대척하지만은 않는 08세대. 그러나 새로운 정치의 물결은 08세대의 시대정신과 맞닿아 있다. 다양성의 정치를 해야 하는 시대에 걸맞은 라이프스타일을 지녔고 이념적인 부분에서 자유로운 세대이기 때문이다.

08세대는 정보통신이 본격적으로 발달한 시대에서 나고

자랐다. 어릴 때부터 경계를 넘나드는 인터넷에서 세상을 배웠고 보수와 진보라는 진영의 논리보다 사안마다 가치를 좇아왔다. 이들은 기후 위기에 대해 가장 진보적인 목소리를 내면서도 젠더 문제에는 보수적이거나 성 편향적인 입장을 드러내기도 한다.

정보통신의 발달과 함께 자랐다는 것은 여러모로 많은 의미를 담고 있다. 먼저 투명하고 공정한 것을 추구한다. 또한 사안마다 합리적이고 공정한 기준을 내세우려 한다. 과거에는 정보와 권력이 독점되어 있었으나 정보통신의 발달로 정보와 지식이 차고 넘쳤고, 정보의 투명성은 곧 밀실정치의 종식을 가져왔다.

민주정치 4.0, 왜 40대 기수론을 말하는가

한국 정치는 이제 민주정치 4.0 시대를 열어야 한다. 앞서 말한 1세대 해방과 건국, 2세대 산업화와 경제발전, 3세대 민주화와 권위주의 청산에 이어 4세대 정치의 시대를 맞이할 때다. 민주주의의 복원, 다양성의 정치, 공정과 합리의 정치, 현실적이고 실용적인 정치를 해야 한다.

민주주의의 복원과 다양성의 정치는 숙의와 합의의 정치다. 어느 일방의 독주를 허용하는 게 아니라 충분히 숙고하고 협의하면서 합의점을 도출하는 정치다. 동물 국회와 식물 국회의 시대를 넘어 제대로 된 민주 국회의 시대를 열어야 한다. 공정과 합리, 현실적이고 실용적인 정치는 진영 논리의 반대말이기도 하다.

　　민주정치 4.0은 노무현 정신에 가장 가까운 정치라고도 할 수 있다. 이러한 정치를 구호가 아니라 삶에 배인 정치로 실천할 수 있는 세대가 바로 08세대, 즉 지금의 40대다. 40대는 허리에 해당한다. 허리가 튼튼해야 나라가 바로 선다. 08세대는 20대의 도전정신과 30대를 거치며 사회적 경험을 가진 세대다. 또한 2030세대와 5060세대를 잇는 가교 역할을 할 수 있는 세대다. 변화와 융합을 동시에 추구하는 세대다. 우리 삶과 정치를 변화시킬 수 있는 최적의 나이. 그래서 민주정치 4.0은 이른바 새로운 '40대 기수론'인 셈이다.

　　40대는 기성 정치인과 달리 역동적이며 진취적이다. 변화에 두려움이 적고 급변하는 현실에 대응하며 미래를 준비하는 데 큰 역할을 할 수 있다. 기후 위기, 저출산과 고령화, 디지털 전환 등 지금 세상은 전방위적으로 패러다임의 전환에 놓여 있다. 이 문제를 해결하려면 과거의 사고방식으로는 불가능하다. 우리는 이미 기성세대 정치인들이 고작 출산장려금 등의 보상으로 저출산을 해결하려 하고, 디지털 전환의 시대에 구태 정치의 양상을 보이는 것을 지켜보았다.

민주정치 4.0을 선도할 새로운 40대 기수론은 글로벌 시대에 적합한 리더 세대이기도 하다. 우리는 지금 경제와 문화, 사회 등에서 국경의 경계선이 허물어지는 것을 생생하게 체험하고 있다. 모든 정보를 지구 어디에서도 즉각 알 수 있는 시대이자 전 세계가 하나의 시공간으로 소통하는 시대다. 08세대 40대는 이러한 시대 특성을 몸에 각인한 첫 번째 세대다. 급변하는 나라 안팎의 상황 속에서 대한민국은 이제 모든 부문에서 현실을 정확하게 진단하고 대응할 수 있는 글로벌 리더가 필요하다.

40대가 전면에 나서는 40대 기수론을 말하면, '정치적 미성년'이니 아직 덜 여물었다느니 하는 이야기가 들린다. 언젠가 많이 나왔던 이야기다. 바로 유신 때 김대중 대통령과 김영삼 대통령이 치열한 정치를 벌이는 것을 보고 '구상유취', 즉 입에서 젖비린내가 난다고 깎아내렸던 일화가 있다. 그러나 그 40대 정치인들의 진취적인 움직임으로 민주화의 구심점이 되고 한국 정치를 바꾸지 않았던가.

한국 정치, 특히 민주주의의 적통이자 보루인 민주당은 이러한 민주정치 4.0을 주도적으로 해나가야 한다. 그렇다면 지금의 민주당 모습은 과연 민주정치 4.0, 즉 다양성과 혁신의 정치를 담은 시대정신에 부합하고 있을까? 이 질문에 민주당은 답할 수 있어야 한다. 그리고 그 답은 바로 40대 기수론에 대한 대답이어야 할 것이다.

양당 체제의 기득권을 무너뜨려야 한다

다양성과 혁신의 정치인 민주정치 4.0을 실현하기 위한 첫 번째 관문은 양당 체제의 극복이다. 나는 민주당 당원이지만 지금의 거대 양당 체제는 긍정보다 부정이 앞선다. 보수와 진보를 대표한다고 하지만 국민의힘과 민주당은 각각의 진영에 담긴 다양한 목소리를 반영하는지 돌아봐야 한다. 지금의 국민의힘은 극우 보수만이 목소리를 낼 뿐 합리적이고 중도적인 보수의 소리는 들리지 않는다. 민주당도 86세대의 목소리가 지배적이다. 두 정당 모두 다양한 목소리가 건강하게 표출되고 반영된다고 보기에는 무리가 있다.

거대 양당 체제가 갖는 부작용

　민주당은 지난 총선 때 뼈아픈 경험을 했다. 그래도 정치적 다원화를 위해 소수 정당의 원내 진입을 위한 '연동형 비례대표제'를 도입한 것은 평가받을 만하다. 그러나 국민의힘의 전신인 미래통합당이 위성정당 꼼수를 부리면서 애초의 취지는 무색해졌다. 민주당도 뒤늦게 선거전략을 이유로 위성정당을 용인하면서 오히려 거대 양당 체제를 공고하게 만들어버렸다. 기존 정치, 기득권의 정치의 한계였다.

　우리나라의 거대 양당 체제는 소수의 목소리를 막을 뿐만 아니라 다른 부정적 요소와 결합하여 한국 정치를 후퇴시키곤 했다. 가장 대표적인 게 지역주의다. 국민의힘과 민주당은 각각 영남과 호남에 기반을 두고 정치적 지지세를 쌓았다. 보수와 진보의 가치 추구는 때로 대립하지만 서로 경쟁하며 각각의 단점을 상쇄하고 장점을 발전시킬 수 있다. 그런데 지역주의에 기반한 정치는 철저히 이익 중심적이다. 정치적 철학이나 가치를 지향하는 모습은 찾아볼 수 없다. 오랜 세월 단지 지역이 다르다는 이유로 차별과 소외가 일어났고, 특히 호남에 대한 차별은 한국 정치의 후진성을 고스란히 보여줬다. 70년대부터 이어진 호남 차별은 급기야 5·18 광주민주화운동으로 이어졌다. 그 비극의 여파는 지금까지도 남아 있다.

또한 지역주의와 결합한 양당 체제는 최악의 정치환경을 만들었다. 정치공학이 난무한다. 자기 정치를 위해 당의 가치와 지도력을 훼손하는 일도 서슴지 않는다. 국민을 위해 어떤 정치를 하겠다는 모습은 보이지 않는다. 친윤과 반윤, 친명과 반명으로 나뉘어 제 밥그릇을 찾는 데 몰두하는 정치인이 한둘이 아니다.

민주당과 국민의힘이라는 거대 양당 체제를 두둔하는 목소리도 있다. 안정감이 있다는 것이다. 다시 말해 예측할 수 있는 방향으로 정치가 이루어진다는 주장이다. 과연 그럴까? 거대 양당 체제는 지역주의와 함께 정치를 진영 논리에 가두고 말았다. 국민에게 잘하기 위해 경쟁하기는커녕 서로에게 비난을 일삼아 정치 혐오를 불러일으켰다. 흑색선전이 난무하고 가짜뉴스가 판을 치고 있다.

대통령 4년 중임제를 말한다

정치적 다양성을 보장하면서 동시에 정치적 안정성을 담보하기 위해 다당제와 더불어 대통령 4년 중임제를 본격적으로 논의할 때가 왔다. 87년 6월 항쟁의 산물인 대통령 5년 단임제는 군부독재의 장기 집권을 막고 민주주의 기틀을 마련해야 한다는 그 당시의 시대적 과제였다. 그러나 지금은 시대가 바뀌었다. 개헌을 통해서 대통령 4년 중임제로 바꾸어야 한다.

우리나라 대통령제는 제왕적이라는 평가를 많이 듣는다. 또 대통령도 5년 임기 내에 성과를 내야 한다는 압박감에서 쉽게 벗어나지 못한다. 87년 6월 항쟁 이후에 취임한 대통령들을 보면 막강한 권력을 가졌으면서도 동시에 조급증을 드러냈다. 특히 마지막 1년은 레임덕으로 임기 막바지 내내 국정 혼란을 겪었다. 심지어 공무원들도 레임덕 기간에는 일을 하지 않는다는 말이 나올 정도였다.

국민도 5년 단임제의 폐해를 잘 알고 있다. 대통령으로 당선된 정치인이 무소불위의 권력을 휘두르며 제왕적으로 군림해도 제도권 정치로는 이렇다 할 견제를 할 수 없다. 지금 윤석열 정부를 보면 알 수 있다. 야당이 다수당인데도 협치는커녕 검찰 권력에 기대어 탄압과 무시를 일삼고 있다. 결국 국민은 다시 촛불을 들고 광장으로 나섰다. 도대체 우리 정치는 언제까지 국민을 광장으로 내몰 것인가.

비록 국민의 손으로 뽑았더라도 기대 이하이거나 부도덕한 정권이라면 빨리 심판해야 한다. 단임제에서 차기 대선으로 정권을 심판한다는 것은 시기적으로 늦을 뿐 아니라 직접적인 심판이라고 할 수 없다. 그래서 제왕적으로 권력을 휘두르는 대통령이 나오는 것이다. 김대중, 노무현, 문재인 대통령이 시대정신에 충실하고 권위주의와 기득권을 청산할 수 있었던 것은 오로지 개인의 덕목 때문이지 단임제라는 제도하에서는 쉽지 않은 일이다.

대통령 4년 중임제라면 현직 대통령을 평가할 수 있고 제왕적 권력을 견제할 수도 있다. 무엇보다 협치와 견제가 가능해진다. 중임을 위해 대통령 스스로가 지나친 권력의 행사보다 협치를 도모할 것이기 때문이다. 대통령으로서도 첫 번째 임기 동안 긍정적인 평가를 받으면 두 번째 임기까지 연장이 가능해지기 때문에 안정적인 국정 운영 기조를 유지할 수 있다. 8년이라는 시간은 웬만한 중장기 프로젝트를 기획하고 완수할 수 있는 기간이다.

대통령제 자체에 대한 근본적인 고민과 대안 마련은 아직 이르다. 여전히 많은 국민이 의원내각제의 효용성에 대해 의심하고 있기 때문이다. 여론을 살펴보면 지금의 제왕적 대통령제보다 분권형 대통령제를 선호한다는 의견이 많다. 즉 익숙한 대통령제를 유지하면서 권력을 대폭 이양하고 중임제를 통해 중간평가를 하자는 것이다. 나 또한 이와 비슷한 생각이다.

많은 국민이 개헌을 원하고 있다. KBS가 지난 1월에 실시한 여론조사를 보면 개헌을 통해 대통령 4년 중임제로 바꾸어야 한다는 의견이 51.4퍼센트가 나왔다. 이미 국민은 정치의 강력한 혁신을 요구하고 있다. 정치인들이 이러한 요구에 부응하지 못하고 과거의 체제에 머물러 있을 뿐이다.

국회의원의 수는 늘리는 게 좋다

국민의힘은 국회의원 수를 줄이겠다고 하는데 그 근거가 포퓰리즘에 가깝다. 국민이 국회의원들을 바라보는 시선이 좋지 않기 때문이라는 것이다. 하지만 국회의원 수를 줄이는 것으로 국민의 신뢰를 얻을 수 있을까? 그리고 정말 국민은 국회의원 수를 줄이는 것을 바랄까?

지난 5월 선거제도 개편 국회 정치개혁특별위원회에서 발표한 자료를 보면, 시민참여단 500명이 숙의한 결과 84퍼센트가 국회의원 선거제도를 바꿀 필요가 있다고 답했다. 그런데 숙의 전에는 국회의원 수를 줄여야 한다는 의견이 65퍼센트였다고 한다. 비례대표와 관련해서도 숙의 전에는 늘려야 한다는 의견이 30퍼센트도 되지 않았다. 토론을 거치면서 국회의원 수를 늘리고 비례대표도 늘려야 한다는 의견이 70퍼센트로 늘어난 것이다. 실질적인 국회의 기능과 제도, 국회의원의 역할 등을 생각하면 오히려 의원 수를 늘려야 하는 것이 맞다. 특권은 줄이면 된다. 그러나 다양한 목소리를 반영하는 소통의 통로를 좁히는 것은 어리석은 짓이 될 수 있다.

사실 국민이 바라보는 국회의원의 이미지가 좋지 않다는 것은 나도 피부로 느끼고 있다. 내가 총선에 출마하겠다고 하자 주위에서 대뜸 하는 말이 "대체 얼마나 벌려고 하냐?"라는 반응이었다. 국회의원이라는 자리에 부정부패 이미지가 따라붙는 것이다. 이래서는 안 된다. 차라리 의원 수를 확 늘려 특권과 기득권의 이미지를 없애고 국민이 지지하는 만큼 의석수가 나오는 정치 제도를 만들어야 한다.

더 이상 정치 개혁을
늦출 수 없다

과거 3김 시대처럼 확실한 보스가 존재하는 정치는 이제 찾아볼 수 없다. 21세기 한국의 정치는 보스 정치와는 거리가 멀다. 보스가 공천권과 정치자금을 쥐고 의원들을 줄 세우던 정치는 과거의 유물이 되었다.

지금의 정당은 민주화를 추구할 수 있는 틀을 어느 정도 갖추었다고 본다. 다만 아쉬운 점은 다양한 의견의 수렴과 민주적인 토론, 숙의를 통한 결정 등의 정당 문화가 아직 성숙하지 못했다는 것이다. 당원들의 요구는 더욱 거세지고 있다. 국회의원 중심의 정당 의사결정 구조에서 벗어나 당원이 직접

의사결정에 참여하자는 목소리가 커졌다. 어떤 사안은 전 당원 투표로 결정하는 경우도 생겼다. 과거에는 상상도 하지 못한 일이다.

디지털 기술의 발달로 당원 투표가 활성화되었고 시도당 위원장 투표 정도는 이제 전 당원이 참여할 수 있다. 이런 부분은 앞으로도 더욱 강화될 전망이다. 기술의 발전이나 당원의 참여 의식 등을 보더라도 정당 민주화는 이제 거스를 수 없다.

비례대표를 늘릴 때 기존의 정치적 기득권이 줄어들까 봐 다른 방법, 즉 지난 총선 때와 같은 꼼수를 자꾸만 부리게 되는데, 원칙에 맞게 비례대표를 늘리는 방식으로 정치 개혁을 하고 다양한 정치세력이 의회에 들어오도록 하는 게 맞다. 그래야 우리 정치의 고질적인 병폐인 지역 구도를 무너뜨릴 계기를 마련할 수 있다.

제왕적 권력을 줄이기 위한 현실적 방안들

우리나라는 대통령 중심의 정치 제도를 가진 나라다. 이는 승자 독식의 정점을 찍는 제도라서 제왕적 권력이라느니 권력의 독식이라느니 하는 비판이 오래전부터 있었다. 그러나 민주당 집권 시기를 거치면서 진영 논리에 따른 비판을 제외하면 권력의 독점이나 권위주의는 많이 줄었다는 평가를 받는다. 한 가지 아쉬운 것은 5년 단임제로 인해 정책의 연속성과 민의의 반영이 제대로 이루어지지 않고 있다는 점이다.

대통령의 권한은 지금보다 줄여야 한다. 앞서 말한 4년 중임제가 자칫 제왕적 권력의 장기 집권으로 이어질 가능성을 원천적으로 차단하는 게 필요하다. 민의의 반영과 의회와의 협치가 되지 않으면 중간선거에서 이길 가능성이 줄어들도록 제도적으로 보완해야 한다. 대통령 직속 기관인 감사원을 국회 소관으로 넘기는 것도 생각해 볼 만하다. 물론 헌법에 따르면 대통령은 감사원에 어떠한 관여도 할 수 없다. 하지만 현실은 어떤가? 윤석열 정부가 들어서면서 감사원은 정치적으로 감사 권한을 휘두르고 있다. 대통령의 제왕적 권력을 견제해야 할 감사원이 되레 대통령의 수족 노릇을 하고 있다. 감사원이 진정한 독립기관이 되려면 국회의 감독을 받거나 완전한 독립을 보장받는 법 개정 또한 이루어져야 할 것이다.

또한 대통령의 권력을 줄이려면 청문회 대상 기관장을 더 늘리고 의회가 실질적으로 대통령의 권한을 제한할 수 있는 구조를 갖춰야 한다. 지금은 대통령의 권한이 너무 막강하니 대통령이 뭔가 잘못된 결정이나 통치를 해도 견제할 장치가 없다. 대통령은 자신의 잘못된 결정이나 통치 활동에 대해 반성하고 사과하기는커녕 적반하장으로 비판하는 이들을 공격한다. 이 때문이라도 중임제 도입과 중간선거가 필요하다. 통치 활동에 대해 국민의 평가를 받아야 한다. 대통령직을 5년만 수행하고 물러나는 현 단임제는 간접적으로만 평가를 받을 뿐이라서 대통령의 책임감 있는 정치와 통치 활동을 기대하기가 어렵다.

문재인 정부 시절 이러한 문제를 포함한 정치 개혁을 시도하긴 했었다. 정치적 안정화를 꾀하고 선거에 드는 사회적 비용을 줄이기 위해 대선과 다른 선거를 같이하자는 제안도 했다. 그러나 기득권 정치세력은 꿈쩍도 하지 않았다. 국정과 지방자치 등을 어떤 정치 세력이 장악하고 있는지 종합적으로 판단하는 지혜가 있어야 할 것이다.

헌법 개정으로 정치 개혁의 물꼬를 트자

이러한 개혁은 헌법의 개정을 통해 이루어질 수 있다. 헌법을 바꿔야 한다. 지금의 헌법은 소위 말하는 87년 체제의 산물이다. 지금으로부터 40여 년 전의 시대적 패러다임이 담겼다. 그동안 이 사회는 엄청난 변화를 겪었다. 정치와 사회 등 모든 분야에서 그 당시에는 상상도 못한 변화가 일어났다. 과연 지금의 헌법은 이러한 변화를 반영하고 있는지 자세히 들여다봐야 한다.

지금까지는 헌법 개정 이야기만 나오면 정략적이라는 비판에 직면해 논의의 물꼬조차 제대로 트지 못했다. 제22대 국회의원 선거를 앞둔 지금이야말로 대통령 4년 중임제와 다양한 정치 시스템에 대한 검토와 논의가 이루어져야 한다. 어떤 헌법이 만들어져야 바뀐 정치 지형과 사회공동체에 적합한지 따져야 할 시기다.

제왕적 대통령의 권한을 줄이려면 대통령의 의지만으로는 안 된다. 제도와 법을 바꾸어야 한다. 국정 운영의 수장이 제대로 정치를 하지 않으면 의회에서 과감히 책임을 물을 수 있는 책임 정치를 할 수 있는 환경을 만들자. 역동적이고 활력 있는 정치 생태계가 될 때 다양한 민의를 반영하고 민주주의를 뿌리내릴 수 있다.

정치 개혁에 있어서 민주당의 역할과 가치

대통령 중심제의 문제점을 보완하는 실험도 계속 시도되어야 한다. 제왕적 대통령 중심제를 그나마 완화한 게 민주당이 집권했던 김대중 정부 시절이다. 이때 김대중 정부는 제왕적 대통령의 권력을 견제하기 위해 두 가지 제도를 도입했다.

첫째는 청문회 제도이다. 내각 구성원과 권력기관의 수장에 대한 청문회를 시행하여 대통령의 독단적인 인사권한을 견제할 수 있도록 했다.

둘째는 특검이다. 특검을 통해 무소불위로 휘두를 수 있었던 대통령의 권력이나 권력기관을 수사할 수 있게 되었다. 특검은 대통령과 고위공직자들이 함부로 권력을 행사하지 못하도록 하는 사전 예방조치의 역할도 한다.

이 두 제도는 지금도 대통령의 권력을 제한하는 실질적이고 유효한 수단으로 쓰이고 있다.

민주당이 그동안 대통령의 권력을 꾸준히 분산하고 힘을 빼는 정책을 해왔다는 것은 틀림없는 사실이다. 이러한 이유로 나는 민주당이 정치를 독점하고 일당이 지배하는 체제를 거부하는 정당이라고 믿어 의심치 않는다.

의회 중심의 민주주의를 논하다

    개헌은 이제 새로운 패러다임의 전환을 맞이하는 국가적 과제다. 어떻게 개헌할지를 고민해야 한다. 이 고민은 국회의 노력만으로는 안 된다. 헌법을 바꾸는 것은 국회뿐만 아니라 시민사회, 행정부 등 국가와 국민 전체가 관심을 가지고 숙의해야 하는 과제다. 마침 2024년은 총선이 있는 해이다. 개헌과 관련한 입장과 개혁 방향 등에 대해 정책을 밝혀 국민의 판단을 구할 수 있는 적기이다. 선거가 무엇인가? 단순히 의원만 뽑는 게 아니다. 의원과 의원이 속한 정당이 밝히는 정책에 대해 찬반을 다투는 국가적 이벤트다.

이제 새로운 정치 시스템을 고민해야 한다

　지금의 정치 시스템에서 대통령의 자리는 당사자가 원치 않아도 무소불위의 권력을 행사하게 된다. 노무현 대통령이나 문재인 대통령처럼 권위적이지 않은 대통령이라 해도 말 한마디의 무게가 남다를 수밖에 없다.

　대통령 1인에게 권력이 집중되는 구조는 민주주의 원리와 맞지 않는다. 숙의와 토론하기보다 그저 대통령의 입만 쳐다보는 부작용이 심하다. 대통령의 잘못된 판단을 두고 지적할 수 있는 구조가 아니다 보니, 우리는 윤석열 정부가 집권한 1년이라는 짧은 시간에 독단적인 발언으로 인한 사회 분열과 국정의 폐해를 여러 번 목격했다. 1인에게 권력이 집중되는 것은 현대 시대상과도 맞지 않는다.

　갈수록 다양해지고 복잡해지는 사회구조에서 다양한 민의를 대변할 수 있는 의회 중심의 정치는 어찌 보면 필연적이라 할 수 있다. 그렇다고 의원, 그중에서 원내대표가 또 다른 권력의 중심으로 떠오를 거라 보는 것은 다소 무리가 있다. 물론 의회 중심의 민주주의와 정치가 이루어지면 지금보다 원내대표의 위상과 책임 정치의 권한이 커질 것이다. 하지만 보스 정치가 되지는 않을 것이다. 원내대표는 지금보다 더 치열한 과정을 통해 선출될 것이고, 임기 동안의 성과에 따라 총선과 당내 경선에서 심판받을 것이기 때문이다. 당장 동료 의원들부터 무능한 원내대표, 권위적인 원내대표를 비토하고 나설 것이 분명하다.

비례대표제 확대와 같은 정치 개혁과 의회 중심의 정치는 정치 불안정보다 역동적인 정치의 불쏘시개가 될 것이다. 정치 개혁으로 선거제도가 바뀌어 다양한 정치세력이 의회에 입성하면 어느 한쪽이 일방적으로 정국을 주도할 수 없다. 갑론을박이 일어 정국이 불안해 보일 수는 있지만 거대 양당의 원내대표 둘이 합의를 보면 되는 구조보다는 여러 당이 숙의하고 협치하는 게 민주주의 원리에 더 가깝다.

의회 중심의 정치는
역동적인 민주주의를 반영한다

우리 사회는 이제 절대 반지를 가진 권력자를 원하지 않는다. 절대 권력의 시대는 지났다. 의회 중심의 정치가 되면 윤석열 대통령의 실언과 국민의 정서에 반하는 행동에 대해 당장 집권 여당에서 난리가 날 것이다.

지금의 대통령 중심제에서는 대통령의 일탈이나 중대한 실수에 대해 책임을 묻는 게 제한적이다. 총선에서 집권 여당을 심판하긴 하지만 그것만으로는 대통령의 독주를 막을 수 없다. 현재도 의회는 야당이 다수당이지만 대통령은 의회와 야당을 협치의 대상으로 보지 않는다. 그저 방해꾼으로만 여기는 듯하다.

대통령이 잘못했다고 해서 매번 탄핵할 수도 없다. 탄핵은 상당히 복잡한 헌법적 절차를 거쳐야 할뿐더러 거의 불가능에 가깝다. 박근혜 대통령을 탄핵으로 물러나게 했지만, 이는 정권에 대한 엄청난 국민적 저항이 있었기에 가능했다. 그만큼 대통령은 어마어마한 권력이 보장된 자리다.

최근 윤석열 대통령을 보면 민주화 이후 이만큼 무소불위의 권력을 휘두르는 대통령이 있었나 싶다. 검찰뿐만 아니라 공무원들도 일사불란하게 권력의 나침반에 따라 움직인다. 사실 검찰이나 공무원 조직은 관료주의와 권위주의에 쉽게 굴복하는 경향이 있다. 특히 윤석열 대통령은 민주당 출신의 대통령과 달리 워낙 권력을 마구 휘두르니 알아서 고개 숙이는 경향이 더 강하다.

대통령 중심제의 폐해는 이뿐만이 아니다. 대통령이 누구냐에 따라, 집권당이 어디인지에 따라 권력에 무조건 복종하는 속성이 스멀스멀 살아나다가도 대통령 임기 말기가 되면 검찰과 공무원 조직 자체가 권력의 화신으로 군림하기도 한다. 그러나 의회 중심의 정치가 되면 대통령 한 사람의 임기나 권력이 아닌 집권당 전체를 볼 수밖에 없고, 정치와 행정이 연합되어 안정적인 국정 운영을 기대할 수 있다.

의회 중심의 정치는 역동적인 민주주의를 반영한다. 정국 불안이 아니다. 원래 민주주의란 시끌시끌한 게 아닌가. 다만 책임 정치를 할 수 있으면 된다. 잘못하면 물러나고, 또다시 민의나 의원들을 대변할 수 있는 국정 운영자를 뽑는 시스템이면 더 활발한 정치가 이루어질 것이다.

청년 정치가
미래를 위한 정치다

민주당에는 과연 청년 정치라는 게 존재할까? 지난 비상대책위원회(이하 비대위) 때 민주당은 청년 정치를 자임하는 사람을 위원장으로 모셨지만, 그 결과는 그다지 좋지 않았다. 왜 그랬을까? 당의 기득권 세력이 청년 정치와 청년 정치인을 이용만 하고 버린 걸까? 아니면 청년 정치의 한계였을까?

이 질문에 답을 하기란 쉽지 않다. 그러나 당시 비대위원장이 보인 정치적 면모와 이후 행보를 보면 개인의 실패에 가깝다는 생각이 든다. 그는 마치 국민의힘 청년 정치인을 흉내 내는 듯 보였다. 국민의힘 청년 정치는 청년 '스타' 정치일 뿐 청년을 위한 실질적인 정책이나 정치는 보이지 않는다. 그들은 선거를 앞두고 쏟아내는 대중영합적인 정책, 제대로 지키지 못할 공약의 남발, 남과 여를 갈라치기 하는 못된 정치를 하고 있다.

지역에서 활동하는 청년 정치인을 키워야 하는 이유

나는 정치에 더 많은 젊은이가 참여했으면 좋겠다. 하지만 나이로 구분하는 청년 정치는 반대한다. 나이가 젊다고 청년을 대변하는 것이 아니다. 국민의힘을 보면 알 수 있지 않은가. 우리 삶을 대변할 수 있는 젊은 정치인이 필요하다. 특히 인재 영입 방식으로 검증되지 않은 인물을 영입하는 것보다 지역에서 기반을 쌓고 생활 정치를 한 젊은 정치인을 등용하기를 바란다. 과거 인재 영입 방식으로 당에 들어온 검증되지 않은 청년들은 자기 정치를 하는 데 열을 올렸고, 그 모습에 많은 당원이 등을 돌렸다. 지역에서 활동하는 젊은 정치인이라면 지역민의 목소리에 귀 기울이고 여러 사안에 관심을 가질 수밖에 없다.

청년 정치는 청년을 상징하는 정치다. 기득권에 맞서 혁신하는 정치다. 그런데 그 혁신은 개인의 머리에서 나오는 게 아니다. 국민이 무엇을 원하고, 또 어떻게 살고 있는지를 가까이에서 지켜보고 함께한 경험에서 비롯된다. 무엇이 기득권인지, 혁신을 가로막는 걸림돌이 누구인지는 국민의 눈높이에서 바라봐야 제대로 보인다. 여의도에 갇힌 좁은 식견으로는 볼 수가 없다. 그래서 지역에서 활동하며 생활 정치를 하는 젊은 정치인들이 당의 중심부와 국회에 들어가야 한다. 국민의 삶에 밀착한 이런 젊은 정치인들이야말로 국민의 대변자가 될 수 있다.

국민의힘 vs 민주당, 청년 정치인

국민의힘 청년 정치인들이 두각을 나타내는 것처럼 보이는 이유는 그들의 화법이 청년 세대뿐만 아니라 국민 모두와 호흡하는 듯 보이기 때문이다. 비록 그것이 대중영합적이라 해도 청년 세대와 국민의 가려운 곳을 긁어주는 것처럼 굴기 때문에 눈에 띈다. 이들은 정치 한복판에서 자기 목소리를 내고 시행착오를 거치며 지역 기반의 정치를 해왔다. 그러다 보니 국민의 지지를 받고 청년 세대의 대표성을 갖게 된 것이다.

반면 민주당은 어떤가. 전 비대위원장은 청년 정치인이라는 견장을 어깨에 찼음에도 국민은 물론 당원과도 호흡하려 하지 않았다. 자기 목소리를 내는 것을 혁신이라 착각했다. 그것이 오만이고 불통이라는 것을 끝내 깨닫지 못하고 물러났다. 그리고 지금은 자기 정치를 위해 아무런 준비도 하지 않은 지역구를 기웃거린다. 이러니 청년 정치인도 노회한 정치인들과 다를 게 없다는 비난을 듣는 것이다.

청년 정치인을 위한 시스템을 만들자

청년 정치는 미래를 위한 정치다. 과거의 관행과 유물을 청산하고 미래를 위한 정치를 해야 한다. 기후 위기와 디지털 전환과 같은 미래 관련 이슈가 산적해 있다. 이러한 이슈는 지금 청년의 삶에 깊숙이 들어와 영향을 끼치고 있다. 기후 위기만 하더라도 기성세대가 대하는 시선과 청년층이 대하는 시선의 온도 차이가 극명하다. 지난 대선 당시 RE-100이 뭐냐고 묻는 윤석열 후보의 자질도 문제였지만, 어쩌면 그것이 기득권이 기후 위기를 바라보는 수준을 보여주는 것일지도 모르겠다.

사실 기득권은 기존에 살아왔던 방식을 유지하고 싶어 한다. 그들은 기후 위기에 대응하기 위해 바뀌어야 하는 삶이 불편하다. 경제적 이해관계까지 얽혀 있으니 과거의 굴레에서 쉽사리 벗어나지 못한다. 문재인 정권에서 윤석열 정권으로 바뀌자 기후 위기와 탄소 중립 등과 관련한 정책들이 한순간에 후퇴하고 만 것은 결코 우연이 아니다.

기후 위기, 탄소 중립, 디지털 전환 등은 청년 정치를 추구한다면 보수와 진보의 구분 없이 비판하고 대안 마련에 나서야할 의제들이다. 이러한 의제에 적극적으로 대응해야 한다. 하지만 지금 민주당에서는 이런 목소리를 내는 청년 정치인들이잘 보이지 않는다. 사실 민주당은 인재 육성 프로그램도 부족하고 청년 정치인들이 자기 목소리를 내도록 돕는 정치적 훈련시스템도 부족하다. 그렇다 보니 혼자 행동하게 되는 것이고, 당 차원에서의 연구와 조율이 부족해 엇박자를 내는 것이다.

지명도 혹은 전문성을 갖췄다는 이유로 선거 때만 청년을영입하는 것은 쇼에 불과하다. 이런 깜짝 이벤트에 청년 정치인이 이용당하고 소모된다는 비판은 예전부터 있어 왔다. 여전히 바뀌지 않았다. 당부터 당내 청년 정치인들을 소중하게 여기고 키워야 한다.

혁신과 포용,
평화와 번영을 추구한다

노무현 대통령은 "민주주의의 최후 보루는 깨어 있는 시민의 조직된 힘"이라고 했다. 시민의 조직된 힘은 시민사회의 역량이자 정당의 기반이기도 하다. 이러한 힘을 함께하는 정당과 정치활동이 되어야 진영의 덫에서 벗어날 수 있다. 혁신과 포용은 '국민을 바라보는 정치'의 가치다. 이때의 혁신은 국민을 위한 것이어야 한다. 기득권의 배를 불리는 정책은 혁신이라 할 수 없다.

경제가 미국에 종속된다며 반대하는 주장이 만만치 않았으나 노무현 대통령이 미국과 자유무역협정(FTA)을 맺은 것 또한 돌이켜보면 혁신이었다. IMF 외환위기 이후 김대중 대통령의 집권 시기를 지나 노무현 대통령 때까지 한국 경제의 체질 개선은 국가적인 과제였다. 글로벌 공급망을 구하고 새로운 경제 질서의 등장에 대응해야 했다. 물론 FTA는 체급이 큰 국가에 유리한 경기다. 경제적으로 부유한 나라가 이익을 취하기 쉽다. 이러한 구조의 문제를 보완하기 위해 국가는 또 다른 전략을 만들고 정책을 수립해야 한다.

예를 들어 성장 정책을 추진하더라도 저소득층에 있는 사람의 소득을 보전해 주는 소득주도성장 정책을 취한다면 소비가 활성화되고 경제 전체에 활력이 돌 수 있다. 마찬가지로 산업구조에서도 경제와 일자리를 떠받치는 중소기업을 살리는 정책을 펼 수 있다.

한반도의 평화를 위한 로드맵은 이어가야 한다

우리 정치의 또 다른 중요한 과제는 평화와 번영이다. 문재인 정부에서 추진했던 '한반도 평화를 위한 로드맵'은 긴장과 대결 국면이 아니라 공존과 평화적 통일을 위한 여정이었다. 이러한 기조를 앞으로도 계속 이어가야 한다.

그런데 정권이 바뀌고 난 뒤 윤석열 정권에서는 꽤 위험한 발언들이 나오고 있다. 남북 평화는 고려의 대상이 아니다. 전쟁을 치러서라도 북한을 굴복시키겠다는 호전적 발언을 서슴지 않고 하는 배경과 저의가 궁금하다. 그것은 과연 누구를 위한 전쟁이란 말인가. 한국전쟁 이후 오랫동안 우리에게 드리워진 비극의 장막을 걷어내기는커녕 더 짙게 뒤덮으려는 의도는 굉장히 악의적이다. 전쟁을 피하고 다른 방식으로 공조와 협력을 할 수 있는 관계로 만들어야 한다. 전쟁도 불사하고 대결도 마다하지 않겠다는 발언의 리스크는 고스란히 국민의 것이 될 수밖에 없다.

혁신과 포용, 평화와 번영은 한반도의 미래와 관련한 가치이며 지금까지 국민적 합의로 추진되었다. 민주당은 그동안 이러한 가치의 연속성을 위해 노력해 왔다. 헌정사상 최초로 수평적 정권 교체에 성공하며 억압의 체제를 극복했고, IMF 외환위기도 슬기롭게 헤쳐 나갔다. 전쟁 위기의 한반도에 평화와 공존을 가져왔고, 복지 국가의 방향도 제시했다. 이 모든 게 자랑스러운 민주당의 역사이고 가치이자 국민의 지지를 받은 정치였다. 그런데 한순간에 이전 정권의 정책이라는 이유로 하나둘씩 폐기되고 있다. 정책의 이름이 바뀌거나 추진 과정이 다소 변경되는 것은 괜찮지만 국가의 미래를 위한 가치를 이토록 쉽게 폐기하는 것은 근시안적인 정치이자 가치의 실종, 철학의 부재라는 비판을 피할 수 없다.

국민을 바라보고 혁신과 포용의 정치를 하겠다

정치를 하면서 좀 더 자율성을 가지고 했으면 좋겠다는 생각을 종종 해왔다. 그러자면 그 어떤 기득권에도 쉽게 흔들리지 않고 정치적 소신에 따라 정치활동을 할 수 있는 풍토가 조성되어야 한다. 그래야 정계에 새로운 활력과 여러 색깔이 어우러진다. 국민의 다양한 생각과 목소리가 대변될 수 있다.

다행히 노무현 대통령 시절 정치의 문턱을 낮추고 다양한 목소리를 담을 수 있는 제도적 환경이 만들어졌다. 대표적인 것으로 선거 비용을 보전받을 수 있는 제도를 들 수 있다. 이 제도 덕분에 정치에 뜻은 있으나 돈이 없는 사람도 출마를 생각해 볼 수 있게 되었다. 나도 이 제도의 도움을 받아 지난 지방선거에 출마할 수 있었다.

이전의 정치는 돈 있는 사람들 혹은 돈 있는 사람들과 연을 맺을 수 있는 사람들의 리그였다. 음성적인 거래와 금권 선거가 판치다 보니 개혁보다 기존의 기득권을 공고히 했다. 젊은 세대나 기득권과 거리가 먼 사람은 출마하는 것 자체가 커다란 진입장벽이었다. 그러나 지금은 선거 비용을 보전받을 수 있고 당선된 뒤에도 국회의원 후원회 등으로 정치자금의 양성화가 가능해졌다. 그 덕분에 우리나라에도 소위 서민형 선출직이 많이 나타났다.

나는 '국민의 지지를 받아 정치를 한다'는 지극히 당연한 이야기를 금과옥조처럼 여긴다. 국민은 내 정치활동 동력의 근원이다. 내가 마지막까지 바라보고 기댈 수 있는 것은 국민뿐이다. 그러니 다른 무엇을 두려워하거나 눈치를 볼 이유가 내겐 없다.

4
부

민주당이
바뀌어야
나라가 바뀐다

민주당은
민주정치의 중심이다

　　더불어민주당은 우리 현대사에서 민주정치의 중심이었다. 오랜 기간 야당으로 있었을 때는 우리나라 민주주의를 지키는 보루의 역할을 했고, 도덕성과 선명성을 내걸고 우리 사회의 약자와 분단된 나라의 아픔을 보듬었다. 집권 정당이 됐을 때는 외환위기를 극복하고 권위주의를 청산했으며, 코로나 위기 극복과 선진국 대열에 합류하는 등 수권정당의 면모를 유감없이 보여주었다.

　　우리의 정치사는 보수와 진보가 대립하는 구도로 볼 수 있지만 기득권의 억압과 약자의 저항이 맞부딪힌 시간으로도 볼

수 있다. 한동안 보수는 유능하지만 부패하고 진보는 도덕적이
지만 무능하다는 프레임이 있었다. 그래서 국민은 시대적 요
구와 과제에 따라 '유능'과 '도덕' 가운데 하나를 선택하듯 정
당을 지지했다.

　그렇지만 이러한 구분은 21세기에 들어서면서 무너졌다.
진보는 도덕성뿐만 아니라 경제와 민생에서도 능력을 보여주
었다. 같은 기간 보수는 무능과 도덕 불감증에 빠져 기득권의
이익만 옹호할 뿐이었다. 보수가 정권을 잡은 것은 진보 정권
의 부동산 정책 실패 등과 같은 국민의 불만에 기댄 반사이익
을 얻은 것에 지나지 않는다는 평가가 있을 정도다. 광복 이후
오랜 시간 지배층으로 있었던 보수의 뿌리가 친일이라는 것을
알면 그리 놀라운 일이 아니다. 소위 산업화 세력이라 일컫는
이들은 친일과 군부독재에 이어 검찰 독재에 이르기까지 간판
만 바꾼 채 기득권을 대변해 왔다. 즉 우리나라 보수 세력은 능
력이나 도덕성과는 애초부터 거리가 먼 집단이다.

진보 정권의 능력을 유감없이 보여준 김대중 대통령

　진보 세력은 김대중 대통령이 정권을 잡을 때까지 단 한
번도 제대로 된 집권 경험을 한 적이 없었다. 김대중 대통령은

우리 현대사에서 가장 큰 위기였던 IMF 외환위기를 극복하고 선진 국가의 기틀을 다졌다. 단지 위기만 극복한 게 아니라 IT 국가로의 대전환을 이루어내며 세계에서 앞서가는 정보통신 국가의 기틀을 마련했다. 그전까지 우물 안 개구리로 국내 시장에 안주하던 기업들도 이때부터 글로벌 시장에 당당히 브랜드를 내걸고 선두에 섰다.

김대중 대통령은 1999년 아시아에서 가장 영향력이 있는 지도자 50인 중에서 공동 1위에 선정됐다. 2000년에는 노벨평화상도 수상했다. '인동초'로 상징되는 인고의 세월을 감내하고 정권을 잡았음에도 개인의 이익과 영달에는 관심이 없었다. 그분은 진보의 가치를 우리에게 제대로 보여주었다. 원래 진보는 과거보다 미래에 더 비중을 두고 가치를 찾는다. 김대중 대통령 또한 오랜 세월 정치를 했으면서도 과거에 얽매이지 않았다. 민주주의의 미래를 위해 반독재 투쟁을 하고 외환위기와 더불어 불어닥친 새로운 패러다임을 맞이해 국가의 경제와 산업구조를 혁신했다.

지식과 정보 강국이라는 김대중 대통령의 새로운 비전이 없었다면 우리 경제는 어떻게 됐을까? 생각만 해도 아찔하다. 지금 세계 경제는 지식과 정보 사회 기반 위에서 작동하고 있다. 만약 김대중 대통령이 지식과 정보 사회 구축에 나서지 않았다면 우리나라는 선진국은커녕 개발도상국의 끄트머리에서 헤매고 있을 수도 있다.

　김대중 대통령이 손정의 소프트뱅크 사장을 만난 일화는 유명하다. 대통령이 한국 경제가 나아갈 방향에 대해 손정의 사장에게 물었을 때 손 사장은 "첫째도 브로드밴드, 둘째도 브로드밴드, 셋째도 브로드밴드입니다."라고 조언했다. 대통령은 당시만 해도 낯선 브로드밴드, 즉 광역통신망을 곧바로 이해했다고 한다. 왜냐하면 김대중 대통령은 정보 강국에 대한 구상을 1980년대 감옥에 수감되어 있을 때부터 했기 때문이다.

　김대중 대통령은 수감생활을 하면서 많은 독서를 했는데, 그중에서 앨빈 토플러의《제3의 물결》을 읽고 당시와는 전혀 다른 미래가 올 것을 예상했다고 한다. 정보통신 강국과 지식혁명 사회의 도래를 예상한 김대중 대통령은 손정의 사장의 말이 무엇을 뜻하는지 단박에 이해했을 것이다.

　김대중 대통령은 진보가 유능하다는 것을 유감없이 보여준 인물이다. 이제 많은 국민이 진보가 유능한 것을 안다. 국정 운영뿐만 아니라 경제까지 진보 세력은 김대중, 노무현, 문재인 등 세 명의 대통령 시대를 거치면서 그 능력을 보여주었다. 내가 정치에 관심을 가진 순간부터 민주당을 지지하고 당원으로 가입했던 이유도 민주당이 공적 이익에 복무하는 유능한 진보 정당이었기 때문이다.

유능한 진보 민주당이 지향하는 정책 목표

유능한 진보로 거듭난 민주당은 우리나라 민주주의의 기둥이자 보루이다. 국민의 일상적인 정치 참여를 보장하는 참여민주주의, 시민이 중심되는 정당과 의회정치를 통해 민주주의를 실현하는 주체다. 획일적인 정치를 경계하고 다양성과 포용성을 실현하는 정치 제도와 여러 정치 세력 간의 협치를 추구하는 정당이다.

이러한 민주정치의 실현은 당내 민주주의에도 적용된다. 민주당은 시민 중심, 당원 중심의 정당을 표방하며 당 안팎으로 민주주의의 실현과 가치 수호에 앞장서고 있다. 또한 디지털 기반의 플랫폼 정당을 추구하며 우리 사회의 다양한 목소리가 가감 없이 당으로 수렴될 수 있도록 실질적인 기반을 갖추려 하고 있다.

민주당의 민주정치가 지향하는 바는 분명하다. '국민이 행복하고 잘사는 나라'를 만드는 것이다. 특히 민주당은 일부가 아니라 전 국민이 고루 행복해질 수 있는 사회를 만드는 것이 목표다. 지방 분권과 균형발전을 추구하는 이유다. 민주당은 풀뿌리민주주의를 지향하며 지역의 자생과 성장을 위한 기반을 마련하는 것을 꾸준히 일관되게 추진해 왔다.

민주정치가 제대로 작동되어야 경제도 발전한다. 기득권

과 독점, 부의 극단적인 쏠림 현상을 경계하고 공정한 시장 경제 질서를 만들어야 하는데 이는 민주정치의 기반이 없으면 불가능하다. 성장과 분배의 조화로 혁신적인 포용 국가를 만드는 데 있어 민주정치는 자동차의 엔진처럼 실질적인 동력 역할을 한다.

　민주당이 추구하는 경제 정책은 생산성과 더불어 지속 가능한 사회의 선순환 구조를 만드는 데 있다. 그래서 보수 정권의 양적 성장 방식과 달리 끊임없는 혁신으로 질적 성장을 도모했다. 돌이켜 보면 한국 경제는 IMF 외환위기 이후 민주당 정권이 들어설 때마다 혁신적인 질적 성장과 변화의 계기를 마련했다. 김대중 대통령의 정보통신 강국, 노무현 대통령의 균형발전, 문재인 대통령의 혁신적 포용 국가 등 우리 경제사에서 전환점이 되는 시대정신과 과제를 제시하고 해결한 것은 바로 민주당 정권하에서 이루어진 성과이다. 그리고 이러한 경제 정책의 밑바탕에 민주정치의 가치와 이념이 있었다.

민주당은 또 한 번
혁신해야 한다

나는 민주당을 사랑한다. 민주당이 가고자 하는 길을 함께하려 한다. 그런데 과거의 민주당을 사랑하는 게 아니다. 즉 20세기의 정치적 유물과 이념, 정치활동에서 머물러 현재를 바라보지 않는다. 그건 민주당의 가치와도 맞지 않는다.

한국 정치사에서 민주당은 늘 새로운 정치를 추구하고 미래를 향한 발걸음을 마다하지 않았다. 그러나 마냥 칭찬할 일만 있는 것은 아니다. 민주당에도 고인 물의 썩은 내가 판친다는 비판이 나오고 있다. 늘 혁신을 지향하며 새로운 정치를 추구하던 민주당이 어쩌다 이런 소리를 듣게 됐을까?

내분을 조장하며 자기 정치만 하는 정치인들

보통 고인 물이라고 하면 기득권을 말한다. 민주당은 기득권에 저항하고 혁신을 지향하는 정당이다. 그런데 고인 물이라고 하니 앞뒤가 맞지 않는다. 하지만 당의 지향성은 혁신과 변화인데 내부에는 기득권이 형성되어 당의 발전을 저해하고 있으니 많은 국민이 고개를 내젓는 것이다. 당의 방향과 역할에 대해 공적인 이유에서 비판하는 대신 딴지 걸며 자기 정치만 하는 정치인들이 생겼다. 이들의 주장은 민주당 내의 다양한 목소리라고 하기에는 지나친 감이 있다. 그저 자기 기득권을 공고하게 만들거나 공천에만 관심이 있는 것으로 보인다.

일반 권리당원과 국민의 생각과는 달리, 당내에서 일정 정도의 세를 갖춘 기득권은 '주류'와 '비주류'라는 이분법을 내세워 자신들을 피해자이자 소외당하는 세력이라 한다. 그러나 이러한 이분법은 어불성설이다. 당의 방향과 정책을 두고 경쟁하다 보면 당원의 지지와 선택에 따라 지도부는 언제든지 바뀔 수 있다. 이에 따라 주류와 비주류는 얼마든지 그 위치가 바뀐다. 다만 주류든 비주류든 민주당의 가치와 정치 철학은 공유한다는 전제가 무너져서는 안 되는 것이다.

불행히도 내부에서 자기 정치만 추구하는 이들은 당의 내분을 조장하다가 당을 떠나는데 이때 당원과 국민이 경악하는 인물이 많아진다. 민주당의 가치와 대척점에 선 당으로 가는 소위 '철새'라고 부르는 정치인들이다. 내부 총질만 실컷 하다가 상처만 잔뜩 안긴 채 자기 보전을 위해 당을 버리는 이들의 공통점은 치열한 당내 경쟁과 격론을 거친 뒤에 나온 결과에 승복하지 않는다는 점이다. 이들은 자기 정치만을 한다. 당의 가치와 혁신을 위해 선당후사 하는 모습은 절대 보이지 않는다.

내부 총질을 당내 민주주의라고 할 수 있을까

현대 사회를 흔히 '복잡계 사회'라고 한다. 원래 과학에서 말하는 용어인 '복잡계'는 현실이 너무 복잡하여 수학 공식이나 논리로 환원하거나 예측하는 게 거의 불가능하다는 의미이다. 뉴스를 보면 우리는 이미 이런 복잡계 사회에 살고 있음을 느낄 수 있다. 묻지 마 살인이나 칼부림은 이성적인 판단으로는 도저히 이해할 수 없는 일들이다.

갈등과 대립이 난무하는 정치도 복잡계이기는 마찬가지다. 하나의 사안을 두고 정반대의 주장과 논리로 극심한 반목을 일삼다가도 개인의 정치적 이해에 따라 손을 잡는 모습을 보면 도통 고개가 끄덕여지지 않는다.

복잡계 사회에서 정치는 구심점이 없는 다양성의 정치를 이룬다. 과거의 '반독재', '민주화'라는 절대 선의 논리로 세상을 바라볼 수 없고, 사안에 따라 제각각의 목소리를 내는 것도 맞다. 그러나 정당은 조직이다. 다양한 목소리가 분출되기만 하는 것은 정당이 아니라 동아리에 불과할 뿐이다. 사실 동아리도 토론을 거쳐 결론이 나면 일사불란하게 움직인다.

당내 민주주의라는 것은 백가쟁명식의 제 목소리만 내는 것을 뜻하지 않는다. 어떤 사안을 두고 더 나은 정책과 결론을 얻기까지 숙의하고 치열하게 의견을 나누고 논쟁하는 것이 민주주의다. 그러나 결과가 나왔을 때 승복하고 따라야 하는 것도 민주주의다.

민주당은 지금 '내부 총질'로 시끄럽다. 다양성은 없고 내부 총질과 기득권만 존재하는 양극단의 정치를 하고 있다. 정당한 경쟁을 통해 확보한 당내 권한을 그저 권력으로만 여기고 내놓으라고 한다. 그러면서 자기 기득권은 내려놓지 않는다.

어떤 정치인은 이 내부 총질을 민주주의로 포장한다. 당내 민주주의를 위해 비판과 반대의 목소리를 내는 것이라고 말이다. 원칙적으로는 맞는 말이다. 얼마든지 비판하고 반대를 할수 있다. 민주주의란 무릇 각자의 의견을 존중하니 말이다. 그렇지만 그러한 격론 끝에 어떤 결론이 도출되었다면 이를 따라야 하지 않을까? 다양하되 하나의 목소리로 모이는 것. 그것이 민주주의가 아닐까? 그런 점에서 지금 민주당에서 내부 총질을 하는 정치인들은 다양성과 민주주의를 실현하는 게 아니라 그저 공익보다 사익을 추구하는, 당보다 자신을 먼저 챙기며 정치생명의 연장을 꾀하는 것으로 여겨질 뿐이다.

그렇다면 혁신해야 한다

이슈 중심의 다양성은 인정할 수 있다. 앞서 말했듯 이제는 복잡하고 다양한 시대다. 사안에 따라 서로 다른 목소리를 내는 건 당연한 일이다. 하지만 지금 민주당의 내부 총질하는 모습은 당원과 국민의 눈살을 찌푸리게 한다. 정치에 대해 환멸을 느끼게 한다. 그러므로 민주당은 또 한 번 혁신해야 한다. 양극화와 불평등 구조를 근본적으로 개혁하는 유능한 민생정당으로 거듭나야 한다. 지금 당내 인사들은 기득권에 갇혀 있을 게 아니라 혁신의 마중물이 되어야 한다.

민주당은 지난 대선에 이어 지방선거까지 참패를 면치 못했다. 서민과 민생을 돌보는 정당을 자부하지만 국민은 외면했다. 여러 정치적 환경과 원인이 있겠지만 선명한 야당, 수권 능력을 갖춘 정당, 국민의 실질적인 삶의 개선을 이뤄줄 정치세력으로 인정받지 못한 것이다. 그렇다면 혁신해야 한다.

민주당의 혁신은 '당원이 주인이 되는 정당'으로부터 시작되어야 할 것이다. 선출직이나 영입이 아닌 일반 당원으로 들어오는 사람들은 그 자체가 민심이다. 당원이 많을수록 민주당은 커다란 자산을 가지게 된다. 단지 당원 수가 많아지면 자산이 된다는 뜻이 아니다. 지역이나 직업, 연령, 소득 등 다양한 환경을 갖춘 당원이 많을수록 일반 국민의 삶과 정서에 가까워질 수 있다. 이런 당원이 주인이 되지 않는다는 게 더 이상하지 않은가. 일반 국민의 마음을 그대로 전할 수 있는 당원이 중심이 되어 의사결정을 하면 민주당은 다시 국민에게 가까워질 수 있다.

당내 민주주의와
기득권 타파를 위해

　우리나라에는 서로 다른 가치를 추구하는 여러 진보 세력
이 있다. 하지만 추구하는 가치가 다르다고 해서 이를 적대적
으로 봐서는 안 된다. 예컨대 2014년 통합진보당을 해산한 것
은 그 당의 강령이나 가치에 전적으로 동의하지는 않지만 잘못
된 일이라고 생각한다. 이는 정당의 정치적 자유와 결사의 자
유를 억압하는 폭거다.

　헌법에서 보장된 권리와 자유를 한순간에 박탈하는 일이
21세기에 일어날 줄 누가 상상이나 했을까. 그런데 버젓이 일
어나고 말았다. 그 대가는 어땠는가. 대통령의 탄핵이었다. 물

론 국정농단의 이유가 가장 컸지만 따지고 보면 대통령의 탄핵은 누적된 반민주주의와 비합리에 대한 국민의 저항과 심판이었다.

민주당의 정치적 생명력의 원천은 혁신에 있다

민주당은 진보와 민주주의를 대변하는 정당이다. 그래서 박근혜 대통령 탄핵을 더 엄중하게 봐야 한다. 구시대적인 사고와 유물에 매달리면 탄핵에 가까운 국민의 심판을 받을 수밖에 없다는 사실을 말이다. 민주당도 현실에 안주하거나 과거의 방식대로 정치를 하면 언제든지 국민의 심판을 받을 수 있다. 그저 선거에 참패하는 정도로 끝나는 게 아니라 정당의 운명조차 바람 앞에 등불이 될지 모른다. 이 엄중한 상황 인식은 170석에 가까운 거대 야당일수록 더욱 명심해야 옳을 것이다. 중단 없는 혁신이 되지 않으면 거대 공룡의 종말과도 같은 비참한 결과를 맞이할 수도 있다.

민주당과 혁신은 떼려야 뗄 수 없다. 한국 정치사에서 민주당은 늘 혁신을 통해 국민의 선택과 지지를 받았다. 단순히 일개 정치세력으로만 존재했다면 벌써 그 운명을 다했을지도 모른다. 40대 기수론, 반독재 투쟁, 외환위기 극복, 정보통신 강국, 권위주의 청산, 혁신적 포용 국가 등 이 모든 게 혁신을 통한 정치적·사회적 터닝 포인트를 마련하여 대한민국의 현재와 미래를 밝힌 성과다. 민주당의 성장 동력이자 정치적 생명력의 원천은 혁신이다. 혁신을 구호로 내세워 국면 전환을 이루자는 게 아니다. 혁신을 해야 당과 구성원 모두가 정치적 생존을 도모할 수 있을 뿐만 아니라 국민을 위한 민생 정치를 할 수 있다.

현재에 안주하면 국민은 저만치 멀어진다. 한때는 혁신이자 새로운 변화의 주역이었을지라도 한순간에 기득권으로 전락할 수 있다. 당은 혁신을 한때의 이벤트로 봐선 안 된다. 중단없는 혁신, 매 순간 국민의 눈높이에 맞춰 당을 쇄신해야 한다.

지금 민주당의 혁신 과제는 '기득권 타파'다

국민은 새로운 정치, 혁신의 정치를 기대한다. 이러한 정치는 국회의원을 몇 번 했는지를 기준으로 삼고 용퇴와 험지출마 등을 이슈로 삼는 게 전부가 아니다. 이러한 이슈몰이는 오히려 혁신의 본질을 가린다.

나는 청년 정치인이라는 타이틀로 기존 국회의원에게 도전하는 입장이지만, 젊다는 이유로 혁신을 주도할 수 있다고 말한 적은 없다. 내가 지향하는 정치 철학과 가치, 즉 사회적 약자의 편에 서서 국민과 함께 호흡하며 새로운 시대정신에 부합하는 정치를 하고자 출마를 결심했을 뿐이다. 그리고 이런 나의 출마 이유는 기득권을 타파하는 혁신에 부합한다고 생각한다.

각종 현안을 대하는 자세와 의정활동 내용, 당원과의 소통 등을 보면 권위주의와 기득권에 사로잡힌 인물들이 있다. 현명한 당원들은 금세 판단한다. 아무리 지역구나 당 지도부의 '지지'를 받았다고 하나 국회의원 배지를 다는 순간부터 달라지는 정치인이 있다. 이런 정치인은 자신의 권리 보장에만 관심이 있다.

자기 자신이 아닌 250만 권리당원의 권리를 보장하는 방향으로 행동하는 것이 혁신의 출발이 될 것이다. 당의 실질적인 기반인 권리당원의 권리와 목소리를 보장하지 않는다면 당의 정체성은 무너지고 생명력은 다할 게 분명하다. 그러자면 당내 기득권, 국회의원의 기득권을 타파하는 게 우선이다. 그리고 소상공인과 비정규직, 높은 주거비용 때문에 힘들어하는 서민 민생문제에 집중하는 모습을 보여줘야 한다.

가뜩이나 사상 초유의 고물가 시대에 접어들었다. 그런데 지금 민주당에선 민생문제에 관심을 두고 현장을 뛰어다니는 국회의원이 잘 보이지 않는다는 말이 나온다. 여기저기 방송이나 SNS에 얼굴을 내비치는 의원들이 한둘이 아니다. 그들은 정치가 자기들만의 리그라고 여기는 듯하다. 국민을 말하고 당원을 거론하지만 정치는 으레 의원 배지를 단 자기들의 몫이라 생각하는 듯하다. 그러니 여전히 과거의 정치 행태에서 벗어나지 못하고 민생 기반, 당원 기반의 정치가 아니라 자기들만의 정치공학에 몰두하는 것이 아니겠는가?

혁신은 매 순간 이루어져야 한다

나는 '정치공학'이라는 말을 그다지 좋아하지 않는다. 갈등과 협상, 저항과 타협을 오가는 정치의 과정은 당연히 필요하지만, 밀실에서 몇몇 실세들이 모여 판을 짜듯 하는 정치는 과거의 유물로 흘려보내야 한다. 비록 지난 20세기의 정치는 이런 정치공학이 판을 칠 때였지만 지금은 다르다. 몇몇 소수에 의지하는 정치가 아니라 당원을 기반으로 하는 투명하고 민주적인 정치를 원한다. 이 도도한 역사의 흐름을 거스르는 움직임은 철퇴를 맞을 게 뻔하다.

특히 다수 당원의 목소리와 다른 입장을 가진 국회의원이라면 먼저 왜 다른 입장이 되었는지 성찰해 봐야 한다. 정치적 입지만을 내세우면서 피해의식에 사로잡혀 피해자인 양 하는 것은 말이 되지 않는다.

나는 김은경 혁신안이 의미 있는 행보였다고 본다. 당 대표와 최고위원 선거에 권리당원 비율을 높이고, 대의원도 권리당원과 똑같이 투표하도록 한 것은 당내 민주주의를 이루고 기득권을 타파하는 시발점이 될 수 있다. 이러한 혁신안에 강하게 반발하는 의원들이 있다. 무엇이 두려운 것일까? 대체 어떤 기준으로 이 사안을 판단하는 것인가? 기득권을 지키려고 혈안이 된 모습을 보자니 앞으로 이 혁신안이 수용될 수 있을지 걱정이다.

민주당은 당 혁신을 통해 미래를 준비하는 미래 정당이 되어야 한다. 허구한 날 혁신 타령을 한다며 혁신 피로도를 이야기하는 사람들이 있다. 하지만 흘러가지 않는 물은 썩는다. 썩은 내가 나는 물을 누가 찾겠는가. 혁신은 매 순간 이루어져야 한다. 그것은 정당뿐만 아니라 모든 조직이 마찬가지다.

아무리 100년 넘는 기업이라도 혁신하지 않으면 소비자들로부터 외면당하고 역사의 길에서 사라지는 것처럼 정당의 운명도 이와 다를 게 없다. 그래서 늘 혁신을 추구하며 미래를 바라보는 미래 정당의 면모를 갖추어야 한다.

국민을 위한, 국민에 의한 정치

정치의 주체는 국회의원이 아니라 국민이다. 그러므로 국민을 위한 국민에 의한 정치가 이루어져야 한다. 국민이 권한을 위임한 국회의원들이 있어야 할 곳도 국민 곁이어야 한다. 자기들끼리 모여 정치를 한다는 것은 대의 정치의 명분에 어긋나는 일이다.

나는 여의도 국회의사당을 보면 가끔 묘한 기분이 든다. 지금이야 여의도를 오가는 모든 길이 뚫려 있지만, 원래는 말

그대로 섬이지 않은가. 국회의사당을 섬에 가둔 꼴이다. 그 안에 있는 국회의원들이 끼리끼리 정치를 하는 지금의 정치 행태를 빗댄 말이 '여의도 정치'다.

그렇다면 민주당은 어떨까? 민주당도 여의도에 갇혀 있는 것은 아닌지 걱정스럽다. 지금 전국 곳곳의 민생 현장에서는 생존 투쟁과 절망의 아우성이 울려 퍼지고 있다. 지금도 국회의사당 앞을 가보면 여기저기서 온 사람들이 자신의 사정을 들어달라며 피켓 시위하는 모습을 볼 수 있다. 민생의 목소리가 만만치 않다. 정말 그들의 목소리가 안 들리는 것일까?

국회의원은 권력을 누리는 자리가 아니다. 일꾼의 자리다. 일꾼은 늘 귀가 열려 있어야 한다. 그래야 제대로 일할 수 있다. 일을 시키는 사람에게 귀를 닫고 자기들끼리 소통하면서 '열린 정치'를 한다는 것은 말이 되지 않는다. 그들이 진정으로 소통해야 할 대상은 국민과 당원이어야 하지 않는가. 국민과 소통하고 당원과 소통하는 게 진정한 소통이다. 그게 우선시되길 바란다.

기득권 중심의 사회 구조를 바꿔야 한다

국회의 존재 이유는 입법과 더불어 행정부를 견제하기 위해서다. 그런데 어떻게 견제할 것인가? 의석수가 많다고 해서 견제가 저절로 될까? 소통을 통해 국민의 뜻을 제대로 알아야 행정부 견제의 방향을 정할 수 있다. 끼리끼리 소통하며 기득권으로 뭉쳐있는 여의도에 갇힌 민주당의 모습은 행정부를 견제하는 기능마저 희미해진 듯하다.

민주당을 비롯한 현 정치권은 도대체 어디로 가고 있는가? 목적지가 분명하지 않다. 혹자는 그래서 정치가 실종됐다고 한다. 기득권이 누리는 특혜와 특권만큼이나 서민들은 박탈감과 소외를 겪어야만 한다. 그러니 기득권에 집중된 기회나 특혜를 해소하지 못한다면 사회의 양극화와 분열은 더 심각해질 게 뻔하다. 또한 기득권을 위해 약자가 희생해야 하는 사회구조를 바꾸지 못한다면 지속 가능한 사회공동체는 만들어지지 못할 것이다. 이러한 고리를 끊어내는 게 우리 사회의 혁신이다.

검찰 독재정권이 무소불위의 권력을 휘두르는데도 민주당이 지지받지 못하는 것은 국민의 명령에 따르지 않고 있다는 방증이다. 이미 국민은 윤석열 정권에 대한 실망과 저항을 드러냈다. 민주당은 정치, 사회, 경제 모든 면에서 민주주의를 복원하고 검찰 독재정권과 싸워야 하는 혁신을 이루어야 한다.

내부 총질하는 사람들

민주당이 내부 총질로 시끄럽다. 내부 총질이라는 거친 표현이 당내에서 나오는 이유는 뭘까? 나와 다른 목소리가 나온다는 이유로 총질이라는 표현을 쓰는 게 아니다. 국민의 삶을 위협하고 나라의 미래를 어둡게 하는 윤석열 정부에 대한 강한 비판과 민생을 위한 활동보다 당내 권력에 더 관심이 많아 보이기 때문이다.

당을 위한 것인 양 자기 정치를 할 뿐인 이들은 사실 그 자신부터 선거에서 이겨 선출된 사람이다. 즉 경쟁의 결과에 승복하는 구조에서 이겼기 때문에 국회의원이 된 사람들이다. 그런데 정작 그들이 당권 경쟁에서 승복하지 않고 있다. 오히려 지지층의 분노를 계속 자극해서 공천받을 것에만 몰두하고 있다. 이런 사람들로 채워진 차기 총선을 생각하면 아찔하다. 단지 민주당의 장래만 어두워지는 게 아니다. 자기 정치에 몰두하는 정치인이 과연 국가와 사회를 위해 무엇을 할 수 있을까.

민주당은 혁신 과제를 완성하여 내부를 흔들어 대는 사람들을 정리해야 한다. 지금 그들을 보고 있노라면 과거 노무현 대통령이 대선후보였을 때가 떠오른다. 당시 지지율이 떨어지고 각종 선거에서 민주당이 패하자 당내 몇몇 인사들이 노무현 후보로는 안 된다며 당의 공식 후보를 마구 흔들어댔다.

후보단일화협의회라는 것을 만들어 자당 후보보다 외부 후보를 옹립하려 했다. 우리 정치사에서 해당 행위의 극치를 보여준 사건이다.

지금 내부 총질을 하는 의원들을 보면서 그때를 떠올리는 것이 우연일까? 노무현 후보 대신 이재명 당 대표로 바뀌었을 뿐이다. 지난 대선 때 당의 대선후보를 돕기는커녕 선거에 미온적이거나 은근히 방해하는 행위를 서슴지 않고 벌인 그들이다. 도대체 의원 배지의 무게를 어떻게 알기에 이런 행위를 하는지 모르겠다. 국민을 대변하고 국민을 위해 봉사하는 정당의 일원으로서 그 무게를 엄중히 느끼길 바란다.

결과에 승복하고 성숙한 자세로 행동하라

지난 대선 과정에서 경선에 승복하고 원팀을 이루지 못한 민주당에 실망한 사람들이 많다. 선당후사 정신으로 화합하여 짧은 선거기간을 헤쳐 나가지 못해 결국 대선에서 패했다. 무도한 윤석열 후보에 박빙의 차이로 진 것은 당에 실망한 이들이 지지의 손길을 거두었기 때문이다. 그러므로 앞으로의 당내 경선은 치열하게 싸우되 최종 승자가 결정되면 승복하고 본선에서 열심히 뛰어야 할 것이다. 그게 당원으로서 갖춰야 할

도리다. 국회의원은 더더욱 그래야만 한다. 그렇게 하지 않으면 지난 대선처럼 지지층뿐만 아니라 일반 국민도 등을 돌릴 것이다.

수박 논쟁은 갑자기 나온 게 아니다. 이재명 대표를 둘러싼 친명과 반명의 구도로만 볼 수는 없다. 지도자는 언제든지 바뀔 수 있다. 이재명 대표도 처음부터 당의 지도자는 아니었지 않은가. 친명과 반명이라는 대립 구도보다 자기 정치를 하느냐 아니면 선당후사를 하는 정치이냐 하는 차이다.

당 지도부에 대해서는 얼마든지 쓴소리를 할 수 있다. 또 그래야 한다. 당내 민주주의가 건강하게 작동하려면 언로는 늘 열려 있어야 하고, 당 지도부는 쓴소리에 귀를 기울여야 한다. 그러나 자기 정치에만 몰두하는 이들의 목소리, 즉 자기 기득권에 집착하는 목소리에는 단호히 대처해야 한다. 나는 민주당이 우뚝 서서 대한민국의 정치와 민생이 한 걸음 나아가기를 바랄 뿐이다.

이재명 당 대표는 분명 그 성과와 리더십을 인정받아야 한다. 성남시장과 경기도지사를 거치면서 그는 성과로 자신의 정치와 리더십을 보여줬다. 소위 말하는 비주류에서 주류의 자리까지 오게 된 것은 온전히 그의 힘이다. 과거처럼 제왕적 총재에 의해 낙점받아 후계자의 자리에 안주하며 오지 않았다.

비주류에서 정치를 시작해 서민을 위해 행동하며 성과로

인정받은 이재명은 민주당의 가치관과 정확히 일맥상통한다. 민주당이 어떤 정당인가. 우리 사회의 비주류, 즉 서민의 삶을 함께하며 돌보는 정당이다. 이들의 지지를 얻어 수권정당의 자리에 올라선 당이다.

수박이라는 오명을 뒤집어쓴 민주당 정치인의 면면을 보면 전형적인 엘리트 정치 코스를 밟은 경우가 대부분이다. 과거 당이 총재 체제에 있을 때 입문하여 국회의원과 고위직 관료 자리를 지내는 등 평탄한 길을 걸어온 정치인도 있다. 이렇다 할 실패를 맛보지 않고 순탄하게 정치 생활을 해서 그럴까? 경선 패배나 거센 비판을 받았을 때 성숙하지 못한 모습으로 대응하는 것을 종종 본다. 그러다가 실책을 남기고 당과 당원에게 피해를 준다. 자기 정치 인생에 큰 오점을 남기는 일임에도 좀처럼 잘못을 반성하지 않는다.

국민과 당원이 민주당의 주인이다

170석에 가까운 거대 야당은 그 숫자에 부합하는 힘을 발휘해야 한다. 그 힘은 당의 정체성과 가치에 부합하는 목소리를 낼 때 커진다. 사분오열하여 제각각의 목소리만 내는 것은 당을 쪼개는 것과 다를 바 없다. 170여 개의 목소리, 250만 개의 의견이 나올 수 있으나 그것이 하나로 귀결되면 단일한 대오를 이루어야 한다. 이 과정에서 당원 민주주의와 참여민주주의라는 가치를 실현할 수 있다.

소위 '개딸'이라 불리는 팬덤 정치에 대해 말이 많다. 지나친 욕설과 문자 폭탄 등은 지양하는 게 맞지만, 비판의 목소리 자체를 막는 것은 있을 수 없다. 그들이 문자 폭탄을 쏟아내는 이유는 분노의 표시이기도 하지만 그만큼 언로가 막혀 있기 때문이기도 하다. 수박이라 불리는 정치인들이 그들과 허심탄회하게 소통하고 입장을 반영했다면 어땠을까 하는 아쉬움이 든다.

팬덤 정치는 동전의 양면과도 같다. 지나친 팬덤은 당의 다른 목소리를 약화할 수도 있고 또 다른 폭력으로 작용하기도 한다. 하지만 정치인과 팬덤은 불가분의 관계다. 노무현 대통령이나 박근혜 대통령만 보더라도 강력한 팬덤이 구심점이 되어 국민의 지지를 끌어냈다. 팬덤을 마치 없애야 할 악의 근원으로 본다는 것 자체가 정치적인 감각이 없는 것이다. 아니면 그 힘을 너무나 잘 알기에 의도적으로 제거하려는 것일까? 팬덤을 억지로 통제하는 것은 민주주의 원리에도 어긋날뿐더러 정치에 직접 참여하려는 지금 유권자의 추세와도 맞지 않는다.

SNS의 발달과 다양한 정치적 요구가 쏟아지는 21세기 정치 지형에서 정치인이 아닌 일반인이 정치적 의견을 공개적으로 내는 것은 더 이상 어색하지 않은 일이다. 오히려 이렇게 사회가 바뀐 덕분에 정당의 체질도 바뀔 수 있었다. 팬덤을 정치인 개인에게만 집중하게 두지 말고 정당의 폭넓은 지지 기반이 되어 추동력으로 활용될 수 있게 해야 한다. 민주당은 권리당원의 증가와 팬덤의 유입으로 상향식 민주주의가 작동하는 정당이 되었다. 당원이 중심에 버티면서 대중정당의 면모를 갖추었으며 수권정당으로 갈 수 있는 기반을 마련했다. 이들이 현재 민주당의 정치적 생명력의 근원으로 작용하고 있다.

　'당원이 주인이 되는 정당'이라는 것은 당원으로부터 나오는 힘으로 정당이 꾸려지는 것을 뜻한다. 우리 헌법은 "대한민국의 주권은 국민에게 있고, 모든 권력은 국민으로부터 나온다."(헌법 제1조 2항)라며 국민이 대한민국의 주인임을 적시하였다. 그렇다면 정당의 주인도 당연히 국민이자 당원일 것이다. 민주당의 당헌 또한 당원의 권리와 의무를 부여하고 있다. 즉 당원이 더불어민주당의 주인이다. 그러므로 대의원제도 혁신 등 기득권 타파를 통해 250만 당원의 권리를 보장하는 혁신으로 정당이 한 단계 발전해야 할 것이다.

정당 정치의 시대는 계속된다

정당과 이념의 시대는 지났다고 한다. 그러나 이 말은 탈정치, 정치 혐오로 이어질 수 있다. 이념의 시대가 지났다고 하는 말의 정확한 의미는 철 지난 20세기의 냉전 체제가 끝났다는 뜻이다. 사실 이념이란 어떤 가치나 생각의 일관된 체계다. 사회를 만들고 운영하고자 하는 목표와 실현 방식에 관한 생각 체계가 곧 이념이다. 이런 생각 체계를 비슷하게 가진 사람들이 모여서 정당을 만든다. 다시 말해 정당은 이념의 조직이다. 정당은 자기 이념이 갖는 목표와 실행 방식을 국민에게 제시하고 지지를 구한다. 국민은 이러한 정당의 정책을 보고 지지 여부를 정한다.

국민의 지지를 얻은 정당의 정책은 선거를 통해 권력을 부여받는다. 정당은 국민에게 제시한 정책을 실현하겠다는 약속을 지켜야 하고, 그 약속을 지키기 위해 다양한 정책적 수단을 동원한다. 입법과 행정을 통해 정책을 실현하고 헌법과 법률의 범위 안에서 상황에 따라 정책 수행 방식을 바꾸기도 한다. 이모든 게 정치의 영역이다.

폭력의 통치가 판치고 있다

어떻게 사회를 구성하고 발전시켜야 할지는 저마다 생각이 다를 수밖에 없다. 그래서 각 세력은 정당 등을 만들어 경쟁한다. 자기들의 방식이야말로 이 사회와 국가를 더 발전시킬 수 있다고 말이다. 그런데 정부는 여러 개가 될 수 없다. 그래서 선거 혹은 논의와 협의라는 민주주의 원리가 작동하고 또 필요하다. 이러한 이유로 여전히 '이념'도 존재하고 '정당'도 존재한다.

같은 이념을 가진 사람들이 정당을 만들어 국민에게 지지를 구하는 것은 민주주의의 기본이다. 헌법의 테두리 안에서 정당에 지지와 권력을 위임하여 정치를 하는 것이 정당 정치다. 이렇게 하지 않으면 만인의 만인에 대한 투쟁이 난무할 것이다. 민주주의는 극단의 목소리까지 담아내며 다양한 의견이 맞부딪히는 것을 기본으로 하지만 선거와 협의를 통해 이견을 조율하거나 국민의 지지를 얻은 정당이 정해진 기간 동안 국가를 운영토록 한다. 서로 다르다는 이유로 멸문지화의 극단적 대립을 하는 게 아니라 서로 공존하는 제도가 민주주의이자 정당정치다.

하지만 윤석열 정부는 우리 정치를 과거로 후퇴시키고 있다. 승자 독식을 넘어 승자만이 살아남는 정치를 한다. 그들은 군부독재와 유신보다 더한 검찰 독재를 하면서 민주주의를 파괴하고 있다. 정치적 반대자에게는 조선시대에서나 볼 수 있었던 멸문지화에 가까운 탄압을 일삼고 자기 정파에는 한없이 관대함을 보인다.

서로 다른 이념을 가진 세력과 개인이 상생과 공존을 도모하는 민주주의는 극단적인 이념조차 쉽사리 배제하지 않아야 한다. 다수의 지지를 받지 못하는 이념이라고 해도 그것이 옳지 않다고 말할 수 없다. 하지만 우리는 극단적 이념 아래 폭력적이고 독선적인 행위에 많은 아픔을 겪어야 했다. 지난 세기 냉전의 이념이 그랬다. 서로 죽이고 말살해야 자신들이 원하는 세상이 만들어진다고 착각했다. 그런데 이러한 폭력적인 정치 행위가 지금도 버젓이 벌어지고 있다. 일베의 파렴치한 모독 행위나 세월호와 이태원 참사 유족과 희생자에 대한 조롱 등은 이념이 아닌 폭력일 뿐이다.

윤석열 정부는 민주주의 원리가 아닌 검찰을 앞세우고 언론을 장악해 폭력적 통치로 국가를 운영하려 한다. 1980년대 군부독재에서나 볼 수 있었던 '땡전뉴스'가 '땡윤뉴스'가 되어 다시 등장했고, 무소불위의 권력을 휘두르는 검찰이 민주주의를 마비시키고 있다. 냉전에서 벗어나 새로운 미래 체제를, 공존의 미래를 고민해야 할 이 시기에 이 정부는 신냉전체제에 깊숙이 발을 담그고 있다. 미국과 일본을 한 축으로 하고, 중국과 러시아를 또 다른 축으로 하는 갈등의 구도에서 조정자의 지혜로운 행보를 보이기는커녕 갈등을 부추기는 당사자로 행동하고 있다.

21세기 패러다임에 맞는 정당으로 바뀌어야 한다

정당은 오히려 더 이념에 충실해야 한다. 민주주의를 지향하고 민생을 돌보는 정책을 제시하는 정당이 되어야 윤석열 정부의 실정을 제대로 알리고 국민이 바르게 판단할 수 있도록 도울 수 있다.

청년 정치라고 해서 탈정치를 말한다는 것 또한 앞뒤가 맞지 않는다. 정치를 한다면서 탈정치를 외친다는 것은 정치 혐오를 부추길 뿐이다. 우리 사회가 어떤 목표를 향해 가야 할지를 고민하고, 어떤 방법으로 목표에 도달할지 제시하는 것이 정치다. 그래서 나는 나이를 기준으로 청년 정치를 말하면서 탈이념을 말하는 것을 반대한다. 민주당이 내세우는 강령과 서민과 사회적 약자를 위한 정치를 하는 게 나의 분명한 정치적 목표다. 기득권에 반대한다는 것도 마찬가지다. 민주당의 가치에 반하여 권력을 쥐고 있는 세력이 기득권이다. 이것을 분명하게 하지 않고 오로지 청년이라는 이유로 영입하는 것은 정치적 행위라 볼 수 없다. 그저 선거 때나 당이 어려움에 처했을 때 눈길을 끌려는 이벤트에 불과하다.

민주당의 뿌리를 공부하면 할수록 나는 당원과 국민의 지지를 받는 사람이 당의 지도부가 되는 게 쉽지 않음을 깨닫고 있다. 지금의 당은 소위 말하는 계파정치와 줄 세우기로 강령과 당원의 지지, 국민의 지지보다 정치공학적인 게임에 빠질 때가 많다. 패러다임이 바뀌었는데 과거의 정치 철학과 가치로 현재와 미래를 이야기한다. 정당이 이렇게 하니 '이념'이라는 단어가 오해받고 '탈이념', '탈정치'가 마치 옳은 것인 양 유행처럼 번지는 것이다. 바뀌는 세상만큼이나 민주당도 변해야 한다. 20세기 국가의 숙원과 과제를 이 시대에 말하는 것은 시대착오적이다. 국민으로부터 지지를 받으려면 바뀐 환경과 여론, 시대정신에 맞춰 당의 정책을 개발하고 제시할 수 있어야 한다. 국민이 바라는 것을 제시하지 못하는 당과 정책은 버림받을 수밖에 없다.

정당 정치가 필요한 이유

나는 계파나 패거리 정치에는 관심 없다. 또 포퓰리즘으로 떼거리 정치를 하는 것도 경계한다. 건강한 정당 정치를 통해 유권자에게 검증받고, 혁신과 더불어 안정적인 정치를 지향한다. 개인의 성공보다 투명하고 깨끗한 정치를 해야 한다는 생각은 이제 신념으로 바뀌었다. 요즘 시대는 아무리 감추려 해도 결국 드러날 수밖에 없다. 과거의 밀실정치는 통하지 않는다. 나는 정치를 하면서 혼자 있어도 모두가 보고 있다는 생각을 종종 한다. 사석에서 편하게 하는 말조차 때로 정치적인 의미로 들릴 수 있다고 생각한다.

요즘 많은 사람이 정당의 기능과 역할에 대해 우려하고 있다. 인터넷 커뮤니티나 진영 논리의 정치가 기승을 부린다. 정당 정치, 나아가 정치권 전반에 걸쳐 정당 정치가 위기를 겪고 있다. 정당 정치에 대한 혐오를 핑계로 정당을 건너뛰고 직접 정치에 참여하겠다는 논리를 편다. 정당이 기득권의 철옹성처럼 느껴지기 때문이다.

그러나 정당이 기득권을 지키기 위해 존재한다는 것은 지나친 오해다. 정당은 지지자들의 의견을 광범위하게 모으고 투명하게 결집하여 정치적 가치를 실현한다. 당원 중심의 의사결정 구조를 통한 수렴의 과정이 없다면 정치는 혼란에 빠질 것이다. 한순간에 정제되지 않은 분위기에 휩쓸린다거나 특정 세력의 입김이 강하게 들어간 정치적 패권이 등장할 수 있다.

정당 정치가 중요한 이유는 당원의 권리와 의무를 통해 민주주의의 가치를 실현하기 때문이다. 당 대표를 뽑거나 국회의원 공천 경선 등은 당원의 권리와 의무가 행사되는 정치적 과정이다. 당원의 집단지성을 믿어야 한다. 그리고 이런 과정으로 뽑힌 국회의원은 되도록 당에서 활동하고 훈련되는 게 좋다. 정치활동과 공약, 입법 등은 전문적인 분야다. 외부에서 갑작스레 영입한 사람에게 이러한 정치활동은 적응이 힘들다. 그동안 인재 영입으로 국회의원이 된 사람 중에 아마추어 티를 벗어나지 못한 이들을 많이 봐오지 않았는가.

정당을 대체할 시스템을 만드는 것도 쉽지 않다

대의 정치를 상징하는 국회의원들은 분명 고유의 역할이

있다. 정치와 입법에 모든 국민이 참여하는 직접 민주주의는 한계가 있다. 사안에 따라 국민이 직접 정치적 의사를 표현하고 문제를 제기하며 입법에 참여할 수는 있겠으나 정당, 즉 훈련되고 전문적인 정치집단이 상시로 운영되는 것과는 다를 수밖에 없다. 그동안 우리나라의 정당이 제 역할을 하지 못한 바람에 생긴 불신은 부끄럽게 생각한다. 하지만 민주주의에서 정당의 역할을 부정한다는 것은 또 다른 혼란을 야기하고 정치 발전에 장애가 될 수 있다.

게다가 정당의 역할을 대체하는 시스템을 만드는 것 또한 쉽지 않지 않은가. 공개적이고 투명한 정책 개발로 여론을 만들고 쟁점이 될 사안이나 중요한 사회 문제들을 해결할 방안을 제시하는 정당의 역할을 개인이나 불특정 다수가 상시로 할 수는 없다. 즉 현실적으로 정당을 대체할 수 있는 대안 마련이 쉽지 않다. 법제화하고 제도화하는 영역까지 고려한다면 정당 정치는 더욱 발전되어야 한다. 또 각각의 이해관계로 복잡하게 얽힌 현대 사회에서 쟁점이 되는 사안을 본질적으로 살펴보기란 쉽지 않음을 고려해야 한다. 이해관계자의 목소리가 높을 때는 더욱 그렇다. 내용을 잘 모르니 국민들은 가만히 있고 목소리만 큰 집단의 논리가 사회여론인 양 흘러갈 수 있다.

건강한 정당, 어떻게 만들 것인가

요즘은 갈수록 정당이 책임지고 사안을 결정하는 게 어려워지는 상황이다. 왜 이런 현상이 벌어지는 걸까?

첫째, 정당 외의 정치와 관련한 움직임 때문이다. 이는 과거의 재야 운동과는 결이 다르다. 재야 운동은 제도 정치권에 대한 견제와 비판으로 오히려 정치적 관심을 높였다. 그러나 지금 정당 바깥에서 일어나는 움직임은 정치와 정당에 대한 불신을 키운다. 대의 정치에 대한 불신과 포퓰리즘적인 발상으로 선동하는 경우가 많다.

둘째, 정당 내의 양극화이다. 열성 당원과 그렇지 않은 당원 간의 보이지 않는 경계와 갈등이 첨예하다. 이러한 갈등은 당에 애정을 가진 다양한 당원의 목소리와 정치적 견해가 묻히는 결과를 낳는다.

대의 정치와 민주주의 제도에서 정당 정치는 필수 불가결하다. 따라서 건강하고 건전한 정당을 어떻게 만들지를 먼저 고민해야 한다. 가령 대의 정치에서 당과 국민을 대표하는 의원을 선출할 때 대부분의 정당이 공천을 통한 경선을 치르는데, 이때부터 건강한 정당을 만드는 과정으로 바라본다면 당원의 권리와 자격을 정하는 데 있어 더욱 질서정연하게 합의를 도출할 수 있다.

좀 더 쉽게 설명하자면, 경선을 앞둔 시기에는 갑자기 당원이 늘어나는데 국민의 관심과 애정이 높아져 입당이 늘기도 하지만 소위 '바람' 때문에 그럴 수도 있다. 그러므로 특정 정치인의 바람몰이를 경계하고 진성 당원에 목적을 두기로 합의하면 당원의 권리와 자격을 강화하여 대의의 권위를 강하게 만들 수 있다. 즉 인기 영합의 경선이 아닌 당 관련 활동 경력 등 기준을 정해 공천권에 영향을 줄 수 있는 실질적인 당원의 권리를 보장하여 제대로 된 경선을 치를 수 있다. 그래야 당원들의 정치 참여 폭도 확대되고 당원의 권리도 보장된다.

후보 자격도 마찬가지다. 정당 활동을 얼마나 했는지 등의 자격요건이 강화되어야 한다. 외부 인재의 영입은 극히 적은 수준으로 제한해도 괜찮다. 당이 전문적인 정치인 육성에 앞장선다면, 각 정책의 입안과 입법 등의 정치활동을 훈련한 당원 위주로 공천할 수 있기 때문이다. 쉬운 예로 정당 내에 아카데미 프로그램을 개발할 수도 있을 것이다. 이렇게 하면 정치적 지형이나 사정 때문에 외부 영입을 하더라도 좀 더 엄격하게 인재를 고를 수 있다. 전략 공천을 하더라도 그 비중을 확 줄일 수 있다.

건강한 정당 정치를 기대한다

오랫동안 국민은 정당들이 급조되거나 한순간에 깨지고 간판을 바꾸는 것을 너무나 많이 봐왔다. 당의 정체성과도 맞지 않은 사람이 들어와 다양성은커녕 분란만 일으키다가 떠나는 것도 한두 번의 일이 아니다. 이제는 그 정당과 오래 같이 해온 사람에게 후보권이나 후보 선택권을 주는 것을 기본으로 해야 한다. 그래야 선출된 정치인, 즉 당과 국민으로부터 권한을 위임받은 자에게 많은 권한과 책임을 줄 수 있다. 또 그렇게 해야 우리가 뽑은 사람이기 때문에 한두 가지 마음에 안 든다고 흔들어 대는 일 따위가 줄어들 것이다. 제도와 환경이 갖추어지지 않으면 또다시 특정 세력의 눈치를 보고 포퓰리즘에 끌려갈 수밖에 없다.

당원의 권한이 강화될 수 있게 제도적 장치를 보완하고, 당원과 선출자의 권한과 책임을 강화하면 정당 정치는 오히려 이해관계나 기득권의 옹호를 깨뜨릴 수 있다. 처음부터 제대로 권한을 위임받을 사람을 뽑으면 그만큼 책임을 부여할 수 있기 때문이다. 그래야 안정적인 정치활동을 할 수 있다. 임기가 있는 선출직은 다음 선거를 봐서라도 위임된 권한에 따라 올바른 정치활동을 할 수밖에 없다. 이러한 선순환이 되어야 건강한 정당 정치를 기대할 수 있다.

아쉽게도 아직 우리나라 정치 지형에서 이러한 선순환은 자리 잡지 못했다. 정치도 엘리트 중심으로 이루어지고 있고, 심지어 그들만의 기득권을 구축한 양상이다. 그러다 보니 정당이 민심과 분리된 또 하나의 이해집단으로 비치는 것이다. 사실 정치인은 정년이 없는 직업이다. 나는 당분간은 계속 정치를 하겠지만 사회의 중요한 사건에서 용기 있게 말하는 정치인이 되고 싶다.

이익과 진영 논리에서
벗어나자

　지금 한국 정치는 이익과 진영 논리에 빠졌다. 국민이 지지하는 대의와 명분을 찾아볼 수 없다. 그저 번지르르한 말 잔치만 난무한다. 국회의원을 비롯한 정치인은 군림하는 자리가 아니다. 국민의 삶에 깊숙이 들어가 함께할 때 정치가 시작된다. 즉 정치는 국민을 위한, 자신과 가족을 위해 삶을 일구는 사람을 위한 행위여야 한다. 사람에 대한 이해 없이 한 줌도 안 되는 기득권의 이해와 권리에만 관심이 꽂혀 진영에만 갇혀 있다면 '국민을 위한 정치'를 할 수 없다.

　이 당연한 말이 현실에서는 쉽지 않다. 진영 논리가 득세

하고 명분 있는 정치는 실종되고 말았다.

서민의 편에 서는 정치를 지향해야 한다

나는 사람에 대한 이해로부터 정치를 시작했다. 내 아이가 안전하게 자라고 내 이웃이 건강하게 생계를 가꾸어 나가는 사회를 만들고 싶다. 이러한 마음으로 세상을 바라보고 정치를 하고 싶다.

정당정치를 두고 사람들은 '당리당략'이라는 말을 많이 쓴다. 대체로 부정적인 어감이 강한 말이지만, 본질적으로는 당이 추구하는 가치와 철학을 뜻한다. 당이 추구하는 가치와 철학이 국민의 이익에 부합될 때 당리당략은 비전과 철학이 된다. 반대로 당의 이익에만 충실한 것이라면 문제가 될 수밖에 없다. 그렇다면 우리나라 정치 발전에 맞는 당리당략은 어떤 조건을 가져야 할까?

당리당략 혹은 진영의 논리라고 해도 국민의 이익에 도움이 되는 것이어야 한다. 즉 당을 위해 일하는 것 자체가 국가와 국민을 위한 것이라는 확신이 들어야 한다. 당 내부의 혁신도 이와 다를 게 없다. 계파의 이익이나 패권에만 초점이 맞춰 혁신을 들먹여서는 안 된다. 그럴 때야 비로소 국민은 이를 지지하고 국가의 현재와 미래 운영을 맡길 것이다.

정치인일수록 자기에게 옳고 그름의 잣대를 엄중하게 들이댈 수 있어야 사익을 추구하는 당리당략과 진영 논리의 함정에서 헤어 나올 수 있다. 자기에게 관대한 정치인을 무수히 봤다. 그들은 누구의 편을 들어야 하는지 모르는 듯하다. 정치의 속성, 혹은 민주주의의 속성은 어쩌면 누구의 편을 들어야 하느냐의 문제일 수 있다. 진영이 아니라 바로 국민의 편을 들어야 한다. 정치적 약자, 사회적 약자, 서민의 편에 서는 정치를 지향해야 한다.

서민의 삶에 공감하지 못하는 정치인이 어떻게 사회공동체를 위한 정치를 할 수 있겠는가? 고시원을 전전하며 제대로 된 일자리를 구하지 못해 불안에 떠는 청년의 삶을 이해하지 못하는 정치인이 무슨 청년정책을 내놓겠는가? 그러니 헛발질만 하다가 국민으로부터, 청년으로부터 냉소를 받는 것이다.

물가가 오르고 대중교통 요금이 오르고 공공요금이 치솟고 대출이자가 오르는 것 때문에 생명마저 저버리는 절박한 심정을 모르고는 정치를 할 수 없다. 은행에서 생계를 위해 대출허가를 기다려야 하는 서민의 고단한 삶을 뼈저리게 공감하지 못하면 정치인의 자격이 없다. 진영이 아니라 삶의 터전을 들여다봐야 한다. 그래야 정치적 계산과 이익에 몰두하지 않고 정치적·사회적 약자와 서민의 편에 서는 정치를 할 수 있다.

진영 논리를 벗어나려면 해야 할 일

민주당의 정치는 서민의 고충과 마음을 이해하고 공감하면서 대안을 마련하는 것이어야 한다. 개인의 입신양명을 위해 국회의원 배지를 노린다는 것은 있을 수 없다. 정치권에 발을 들였을 때 나는 국회의원을 자기 이익에만 충실한 권력 집단으로 바라보는 시선을 곳곳에서 마주쳤다. 패거리 정치와 권위주의적 권력 집단이라는 오명을 뒤집어쓰고도 정신 못 차린다는 비난 어린 시선이었다.

진영 논리에서 벗어나려면 무엇보다 공부를 해야 한다. '뜬금없이 웬 공부?'라고 생각하겠지만 실제로 국회의원만큼 공부를 많이 해야 하는 집단도 없을 것이다. 국가 운영에 필요한 입법과 행정부 견제와 감시 등은 그저 호통치는 것만으로는 되지 않는다. 앞서 말한 부정적인 시선은 달갑지 않지만 어쩌면 마땅한 지적이다. 국민은 아니 땐 굴뚝에 연기가 난다고 하지 않는다.

국회의원을 비롯한 정치인이 진영 논리에서 벗어나려면 의회 본연의 기능에 충실할 필요가 있다. 국회는 의원들이 모여서 치열하게 토론하고 결론을 내리는 곳이다. 말싸움으로 보일지 몰라도 특정 사안이나 입법 과정에서 때로는 격렬한 논쟁을 벌여야 한다. 이때 나만의 목소리만 드높이는 것은 토론과 논쟁이 아니다. 나와 다른 의견을 가진 정치적 의견에도 귀 기울일 수 있어야 한다. 그러다 보면 내 생각보다 더 나은 의견이라고 수긍할 수 있게 되고 다른 관점이지만 설득력이 있다고 인정하게 되어 당파적 입장만을 일방적으로 주장하지 않는 태도를 익힐 수 없다. 옳고 그른 게 무엇인지 냉철하게 따져야 한다. 그래야 진영 논리에 빠지지 않고 시시비비를 가릴 수 있다. 무엇이 국민을 위한 것인지 가려내어 정치가 민생에 도움이 되는 방향으로 끌고 가야 한다.

우리 정치는 유감스럽게도 이러한 정치적 논쟁과 조율 과정을 잘 보여주지 못했다. '메가 서울'과 같은 시대에 역행하는 정책을 들고나와도 진영 논리에 갇혀 그 당 내부에서는 비판의 목소리가 크지 않다. 심지어 진영이나 이념을 논할 것도 없는 참사가 벌어져도 진영 논리로 사안을 판단한다. 이와 같은 양극단의 정치에서 벗어나지 못하면 옳고 그름을 판단할 수 있는 여지가 지극히 좁아진다. 합리적 토론이나 국가를 위한 여야의 초당적 협력은 기대조차 할 수 없다.

국민을 대신해 권력과 유착된 이들을
경계하고 심판해야 한다

국회의원은 진영 논리에 빠져 거수기나 나팔수 노릇을 해서는 안 된다. 국민이 잘 알 수 없는 것들을 적극적으로 알려주고 국가와 국민의 이익을 증진하는 역할에 충실해야 한다. 예를 들어 행정부가 예산을 낭비한다거나 전시행정을 일삼고 부조리를 자행하는 일들을 찾아내어 개선토록 하는 게 국회의원의 기본적인 일이다. 이 일을 제대로 하려면 진영 논리에서 벗어나야 한다. 무엇이 옳은지 따지지 않고 진영 논리에 갇혀 사익을 추구하는 정치를 하니 국민으로부터 외면받는 것이다. 오죽하면 국회의원 숫자를 줄이라고 하겠는가.

국민은 어리석은 존재가 아니다. 집단지성을 보여주는 존재다. 압도적인 지지를 받고 당선된 이명박 정부도 광우병 사태에서 국민의 저항을 이기지 못했다. 박근혜 대통령 탄핵 때도 마찬가지다. 촛불혁명의 주체는 국민이었다. 정치권이 아니었다.

국민을 대변하는 자리는 선출로 뽑힌다. 국회의원의 목숨줄은 그 누구도 아닌 국민이 쥐고 있는 셈이니 국회의원을 무서워하거나 경원시할 이유가 없다. 오히려 집행력을 가진 지자체장이나 행정부의 공무원들을 감시하고 견제해야 한다. 이들이야말로 상당한 재량권을 가지고 국민의 삶에 영향을 미치는 큰 권력을 가진 이들이다. 국회의원은 이러한 권력의 자리에 접근하기가 일반 국민보다 유리하다. 이 역할을 제대로 해야 한다.

그러나 그 접근성이 권력과 유착되는 것이라면 마땅히 경계하고 심판해야 할 것이다. 이 접근성은 그들에게 쥐어진 권력이 국민의 공익에 부합하도록 집행되는지 감시하고 견제하는 것이어야 한다. 감사 자료를 요구할 수 있는 권리를 적극적으로 활용하고, 논의와 협업을 통해 국민에게 이바지할 수 있도록 유인해야 한다.

국민은 언제나 올바른 길을 찾는다

국회의원으로서 해야 할 역할을 등한시하고 권력에 빌붙어 호가호위하는 모습이 너무나 자주 언론에 나온다. 국민이 바라보기에 한심하고 정치의 불신을 키우는 어리석은 짓이다. 이럴수록 국민은 눈에 불을 켠 듯 감시해야 한다. 정치에 무관심해질수록 여우가 왕 노릇 하기 마련이다.

국민은 언제나 올바른 길을 찾는다. 올바른 길을 찾기 위해 민주당에도 채찍질한다. 누가 가르쳐주는 것이 아니다. 과거에는 정치권이나 재야 운동권이 선두에 서서 길을 인도했지만 지금은 다르다. 과거의 민주화 운동 때처럼 국민은 수동적으로 따르지 않는다. 오히려 국민이 앞장서서 정치권을 일깨우고 역사의 올바른 길로 인도한다.

5
부

윤석열 정부의
권위주의는
심판받아야 한다

윤석열 정부는 공정한가

　　윤석열 대통령은 검찰총장을 관두고 나올 때부터 자유민주주의와 법치, 공정의 가치를 다시 세우겠다는 호기로운 말을 쏟아내며 정치에 뛰어들었다. 그리하여 많은 국민이 윤석열 대선후보를 '공정'의 상징이라 생각했고, 그의 말을 믿고 그를 대통령으로 뽑았다. 그러나 지금 윤석열 대통령이 말하는 상식과 공정은 온데간데 없어졌다.

　　국가의 미래를 생각한다면서 R&D 예산을 거의 삭감하고 약자를 위한다면서 사회 복지와 관련한 예산도 대폭 줄였다. 그러면서 대통령실의 용산 이전과 관련해서는 천문학적인 돈을 쏟아부었다. 이러한 행태에서 무슨 상식과 공정을 엿볼 수 있겠는가? 그에겐 자신의 이익에 부합하는 것만이 상식과 공정이란 말인가?

전체주의의 화신이 된 윤석열 정부

"사람에게 충성하지 않는다."고 했던 검사 시절의 말대로 대통령 역할을 했더라면 윤석열 대통령의 공정과 상식은 빛을 더했을 것이다. 하지만 검찰총장이 되고 난 뒤부터 지금 대통령의 직에 있으면서 보여주는 모습은 사람에게 충성하지 않는다는 말의 의미를 퇴색하게 했다. 공익보다 사익을 추구하는 모습, 자기 가족이 저지른 비리에 침묵하는 모습은 사람에게 충성하지 않는다는 말에 위배된다. 특히 그가 대통령으로서 보낸 시간은 공정과 정의, 상식과는 거리가 멀다. 무소불위의 검찰 권력을 동원하여 행정부를 장악하고 공공기관까지 접수하면서 밀어붙이기로만 일관하고 있다. 정치를 하기 위한 협치는 여태껏 볼 수가 없다. 오죽하면 윤석열 대통령을 두고 '제왕적 대통령'이 아니라 '대통령적 제왕'이라는 수식어까지 붙었을까.

윤석열 대통령은 자신의 이익과 진영 논리에 반하는 사람들을 가리켜 '공산 전체주의'라는 듣도 보도 못한 말을 하고 있다. 야당과 협치를 하지 않고, 의회와 소통하지 않고, 국민과의 소통도 편향적으로 하면서 밀어붙이기식의 정치를 하는 윤 대통령 자신이 전체주의의 화신이 된 것은 아닌지 우려스럽다.

나는 윤석열 정부가 들어선 뒤 일련의 사건과 발언을 보면서 분노를 금치 못했다. 특히 사회적 약자가 피해를 겪는 것에 참담했다. 윤석열 정부는 「중대재해 처벌 등에 관한 법률」과 관련해서 50인 미만 사업장으로 확대하는 것을 유예하겠다고 공공연히 이야기했다. 하지만 실제 작업장에서 벌어지는 안전사고는 50인 미만의 기업에서 많이 일어난다는 통계가 있다. 중대재해의 80퍼센트가 50인 미만 사업장에서 벌어지고 있다. 50인 미만의 사업장에서 일하는 노동자는 영세 노동자다. 열악한 환경에서 일하는 것을 개선하지는 못할망정 생명을 담보로 일을 하도록 하다니 어처구니가 없다.

세월호 사건과 이태원 사건 등 사회적 참사를 지켜본 국민의 한 사람으로서 나는 공정의 가치를 깊이 생각해 보았다. 공명정대한 사고 수습과 책임 규명은 공정이 바탕이 될 때 가능하다. 그런데 이 정부를 비롯한 보수 정권은 공정과 정의의 잣대마저 진영과 사적 이익으로 기울였다. 사고의 수습도 무능했을뿐더러 반성과 책임의 소재를 가리는 것마저도 면피와 뻔뻔함으로 일관했다.

사회적 약자를 지원하는 각종 예산은 줄이면서 대통령실 이전과 관련해 1조 원 이상을 쏟아붓는 것은 공정과 정의를 위배하는 행위다. 이런 정권에 더 이상 무엇을 기대할 수 있을까? 야당과 협치와 소통을 통해 위기에 빠진 대한민국을 구할 생각은 하지 않고 오로지 마이웨이만을 외치는 정권이다.

정무적 감각도 외교적 전략도 없다

의도하진 않았겠지만 나는 가끔 윤석열 대통령이 제3차 세계대전을 불러일으켜 세계사적인 인물이 되진 않을까 생각한다. 바깥에만 나가면 국익에 위배되는 언행을 일삼고 세계 정세를 제대로 읽지 못해 설화를 일으키니 말이다.

우크라이나-러시아 전쟁은 분명 전쟁을 일으킨 러시아의 책임이 크다. 하지만 그 이면을 들여다보면 매우 복잡다단한 국제 정세가 맞물려 있다. 러시아와 국경을 맞댄 우크라이나가 나토에 가입한다고 했을 때 러시아의 불안은 매우 커졌을 것이고, 게다가 러시아에는 우리 기업이 많이 진출해 있다. 또 러시아는 구소련의 지위까지는 아니더라도 무시할 수 없는 강대국이다. 더군다나 한반도 문제와 관련해서는 중국, 미국, 일본과 더불어 러시아도 상당한 영향력을 가지고 있다. 이런 상황에서 아무런 외교적 전략도 없이 우크라이나 지원 발언을 한다는 건 일국의 대통령으로서 정무적 감각이 전혀 없다는 것과 다름없다.

중동 문제도 마찬가지다. 얼마나 복잡한 지역인가. 그런데 이란 주적 발언을 그리 쉽게 하다니 아찔하다. 기름 한 방울 나지 않는 우리나라는 중동 국가와의 외교에서 철저히 실리적이어야 한다. 그런데 왜 굳이 그 복잡한 갈등의 한복판에 우리나라를 밀어 넣는지 도대체 알 수가 없다.

미국과 일본의 이익에 지나치게 치우친 외교로 갈등의 불씨를 키워버린 윤석열 대통령이 엉뚱한 곳에서 세계적 갈등의 소용돌이로 우리나라를 밀어 넣고 한반도와 동북아시아, 나아가 전 세계에 갈등을 확산시키는 불쏘시개가 될까 걱정이다. 이미 많은 전문가가 윤석열 대통령의 말실수가 낳을 세계사적 파장, 미국과 일본의 이익에 치우쳐 중국과 러시아와의 갈등을 키우는 상황에 깊은 우려를 표하고 있다.

자기 말과 행동을 지나치게 드러내는 것을 보면 윤석열 대통령은 굉장히 사적인 이익을 추구하는 사람인 듯하다. 국가와 국민의 이익은커녕 심지어 진영의 이익도 아니다. 한 줌도 안 되는 극우 유튜버들의 말과 다를 바 없는 그의 정치적 메시지를 보고 있으면 가슴이 답답하다. 그래도 국민의 선택을 받은 지도자이고 일국의 대통령인데 어찌 저리도 가벼울 수 있는지 부끄럽기만 하다. 외신에서도 준비되지 않은 지도자라고 평할 정도이니 부끄러움은 결국 우리 몫인가 보다.

윤석열 집권 이후 국격이 떨어졌다

대한민국은 선진국이다. 선진국이라는 타이틀은 단지 경제적 수준만 높다고 해서 주어지지 않는다. 국민의 삶의 질이 높은 국가에게 주어진다. 우리나라도 이제 국민의 삶의 질을 진지하게 고민하고 중요한 문제로 받아들여야 한다. 하지만 윤석열 정부가 들어서고 난 뒤 이런 문제가 뒷전이 되어 버렸다. 잇단 대통령의 실언과 욕설 논란 등 국제무대에서도 신뢰도가 많이 떨어졌다. 이는 비단 대통령 개인의 문제가 아니다. 정치에 대한 불신과 국가에 대한 신뢰도 하락으로 이어진다.

문재인 정부 때는 국가에 대한 자부심이 컸다. 국민 스스로 '국격'이라는 말을 그때만큼 많이 언급하며 뿌듯함을 가진 때가 없다. 이는 우리의 자화자찬이 아니라 외신을 비롯한 외국의 반응이 먼저였다. 그러자 국민은 해외에 나가서도 한국인이라는 것에 자랑스러워졌고, 외국인들의 한국인에 대한 태도도 바뀌었다. 그게 불과 1년여 전의 일이다. 하지만 윤석열 집권 이후 국격은 떨어지고 외국에서의 한국 이미지도 많이 망

가진 듯하다. 그래서인지 국민의힘을 지지했던 젊은 층에서도 윤석열 정부에 대한 지지도가 많이 떨어졌다. 물론 이들이 기대했던 공정과 정의의 가치가 실현되지 않은 탓이 가장 크지만 말이다.

더 이상 청년들을
불안에 떨게 하지 마라

　　세월호와 이태원 참사 말고도 젊은 세대가 국가를 불신하는 이유는 많다. 공정을 내세운 정권이 불공정을 일삼고 자신의 이익에 부합하는 것만이 공정이라고 하자 20대가 등을 돌렸다. 이들은 '주 69시간 근로' 등을 아무런 원칙이나 기준 없이 밀어붙이는 것에 반발했다. 근로 시간을 늘인다는 말이 나올 때 여권에서는 "젊은이들도 돈 많이 벌 수 있어 좋아한다." 라고 했다. 이 얼마나 천박한 언사인가. MZ세대들은 돈보다 삶의 질을 고민한다. 돈을 조금 벌더라도 삶의 질을 더 중요하게 여긴다. 나이 어린 청년 세대들은 이토록 삶을 고민하는데 돈을 운운하는 정치권이라니 얼마나 한심했을까.

국민이 바라는 국가의 모습

국가가 신뢰받지 못하는 것은 정치인 탓이 크다. 국민이 기댈 수 있는 모습을 보이지 않으니 실망할 수밖에 없다. 그런데 이러한 현실이 역설적으로 정치의 중요성을 일깨워준다. 신뢰를 주지 못하는 정치인은 선거에서 과감히 떨어뜨려야 한다. 진영의 논리보다 국민을 대변하는 자격이 있는지를 따져야 한다. 정책을 둘러싼 논쟁과 공약의 이행 등 종합적으로 정치인을 판단할 수 있는 시민이 정치를 불신의 늪에서 건져낼 수 있다.

국가의 역할도 시대마다 약간씩 다르다. 과거에는 생존권을 보장해 주는 것이 가장 컸다. 그러나 지금은 그 정도 수준으로는 어림도 없다. 생존권에 더해 행복권도 보장해 줄 수 있어야 한다. 국가가 개인에게 미치는 영향이나 실질적인 권한도 훨씬 커졌다. 코로나19 팬데믹 때 감염자 동선 추적 논란만 봐도 국가가 개인의 영역에 미치는 영향은 침해 논란이 있을 정도로 거대해졌다.

국가의 권한과 영향은 커졌는데 개개인의 삶은 그 어느

때보다 힘들다. 무한경쟁을 강요받고 연대보다 고립을 호소하는 경우가 늘고 있다. 정보통신기술의 발달로 모두가 연결되어 있다고 하지만 어찌 보면 허상이다. 현실에서는 저마다 고립되어 분리된 상태다. 그런데도 국가는 무한경쟁과 각자도생을 방관한다.

이러한 구조를 바꿔 나가는 것 또한 정치의 역할이다. 현대인의 정신적인 황폐함이나 고독감은 매우 심각한 지경에 이르렀다. 자살이란 극단적인 방법을 선택하는 이들도 계속해서 늘고 있다.

우리나라는 OECD 국가 중에서 자살률이 1위인 나라이다. 이 문제를 그저 개인의 문제라고만 치부할 수 있을까? 국민이 바라는 국가는 개인의 삶을 어느 정도 보장해줄 수 있는 나라이다. 그러므로 정부는 국민의 삶을 어떻게 보장할지 방안을 마련하고 상생의 문화를 만들기 위해 노력해야 한다.

또한 국민은 경쟁에 뒤처진 사람들한테 새로운 기회를 제공하고 회복이 어렵거나 장애로 고통을 받는 등 사회적 약자를 돌볼 수 있는 국가를 원한다. 이들을 국가가 품지 않고 돌보지 않으면 누가 할 수 있겠는가.

승자가 독식하는
능력주의의 한계와 모순

지난 대선 때 당락을 가른 것이 20대 남성이라고 한다. 그들은 진보와 보수를 떠나 공정과 정의를 내세웠다. 그때 가장 많이 나온 말이 '능력주의'와 '공정'이다. 공정은 누구나 동의하는 가치다. 사회 전체의 분위기는 공정과 정의를 추구하라는 것이었다. 그런데 능력주의는 보는 이에 따라 논쟁의 여지가 있다.

마이클 샌델은 《공정하다는 착각》이라는 책에서 능력주의는 허상이라고 했다. 그는 "우리가 '노력하면 성공할 수 있다'고 당연히 생각해왔던, 개인의 능력을 우선시하고 보상해주는 능력주의 이상이 근본적으로 크게 잘못되어 있다."라고 지적한다. 그는 능력보다 '운'이 작용하는 현대 자본주의의 실상을 꼬집었다. 실제로 그렇다. 시험 점수만으로 개인의 능력을 측정한다는 것은 모순투성이다. 이미 이 사회는 교육 분야에서도 계층 간의 위화감이 조성될 만큼 구조적인 문제를 안고 있다. 서울대도 돈 있는 집안이어야 더 수월하게 간다는 말이 나올 정도다.

점수로만 매겨지는 능력주의는 숫자의 서열화로만 사람을 구분한다. 개인의 주관이나 역량 등 측정할 수 없는 가치는 능력주의로는 가늠하기 힘들다. 이러한 방식은 전형적인 승자의 계산 방식이다. 대학입시가 대표적이지만 일단 한 번 매겨진 점수가 개인의 가치를 결정한다는 게 말이 되지 않는다. 그런데도 우리 사회는 이미 그런 분위기로 굳어졌다. 대학입시 성적과 대학 간판으로 서열을 정하고 인간의 가치를 매기다 보니 승자 독식 문화가 우리 사회 전체에 깊숙이 파고들었다. 시험만 잘 보면 성공과 출세를 할 수 있는 시대이다.

능력주의는 승자 독식의 사회를 만든다. 마이클 샌델의 말처럼 "승자에게는 오만을, 패자에게는 굴욕을" 안겨주는 사회다. 이런 사회에서는 소수의 승자를 제외하고는 신분 상승이나 자기 능력을 제대로 발휘할 기회조차 얻기 힘들다. 한탕주의와 같은 병폐가 만연한 것은 어찌 보면 당연한 결과이다. 더 큰 문제는 사회에 대한 불신의 증가다. 승자만 대접받는 사회에서 굴욕을 감수해야 하는 처지가 되면 이 사회가 '헬조선'일 수밖에 없다. 이건 공정과 정의라고 할 수 없다. 능력주의의 한계다.

MZ세대들도 이러한 능력주의의 한계와 모순을 느끼는 듯하다. 한겨레신문의 〈2023년 20대 능력주의 보고서〉를 보면 여전히 능력주의를 긍정적으로 평가하면서도 개선을 요구하는 목소리가 커지고 있다. 능력주의는 한 번 도전해서 실패하면 재기의 여지가 없다. 이러한 한계를 보완하고 기회의 평등을 확대해야 한다는 것이다. MZ세대의 이런 변화를 정치권에서는 숙고해야 한다. 그러나 윤석열 정부는 그런 성찰을 보여주지 못하고 있다. 이 보고서에서도 청년들은 윤석열 정권이 집권 1년 차에 불과한데도 깊은 실망감을 드러냈다.

사회에 만연한 불신 문화는 고립과 갈등을 키운다. 연대와 상생보다 내 앞에 놓인 파이를 꽉 쥔 채 놓으려 하지 않는다. 담을 쌓은 채 외면한다. 경쟁에서 이긴 자는 진 자에게 아무런 배려도 하지 않는다. 능력주의는 이렇게 불신의 벽을 두껍게 만든다. 더 심각한 것은 능력주의라는 포장 아래에 감춰진 불공정이다. 능력주의는 앞서 말했듯 사회 구조와 계층 간의 경제적 차이와도 깊은 관련이 있다. 실제로는 기득권을 강화하는 명분으로만 작용할 뿐이다. '개천에서 용 난다'는 말은 어느덧 옛 속담일 뿐 이제 성공은 마이클 샌델의 말처럼 노력이 아니라 운에 가깝다. 운은 능력의 차이가 아니다. 안타까운 것은 이러한 문제를 인식하면서도 사회 전체가 능력주의의 허상에서 좀처럼 헤어나지 못하고 있다는 것이다.

교육 개혁으로 능력주의의 한계를 극복하자

능력주의 허상에서 벗어나려면 사회의 대개조가 필요하다. 당장 평가 시스템부터 바꿔야 한다. 대학의 서열화를 위한 평가 시스템을 바꿔야 '인서울'이니 '스카이'이니 '지잡대'니 하는 부끄러운 문화가 사라질 수 있다. 그러나 우리나라 상위권 대학들은 이런 개혁을 순순히 받아들이지 않을 것이다. 이미 그들은 이 사회의 엘리트이자 지도층, 즉 기득권이기 때문이다.

문재인 정부 때 서울대를 비롯한 국공립대학을 통합 네트워크 방식으로 운영하겠다는 '국공립대 평준화'를 제시하자 이들 기득권은 완강히 반대했다. 마치 벌집 쑤신 듯 저항이 거셌다. 서울대 중심의 대학 서열화를 무너뜨리고 지방 국립대를 거점으로 삼아 균형 발전을 이루려는 기초를 쌓겠다는 개혁안도 번번이 벽에 부딪혔다.

대학은 사회 발전에 기여하는 인재를 육성하기 위한 교육 기관이어야 한다. 그 인재는 서울을 비롯한 수도권에만 필요한 게 아니다. 전국 곳곳에서 이러한 인재들이 공부할 수 있어야 하고, 대학을 나와 각 지역과 직장에 다니거나 학문 연구 등을 할 수 있어야 한다. 국립대는 거의 무료로 공부할 수 있게 하고 사립 대학들도 지금의 살인적인 등록금을 절반으로 내려 기회 평등을 실현해야 한다.

교육과 취업은 능력주의가 가장 많이 언급되는 분야이다. 따지고 보면 취업은 교육의 결과로 이뤄지는 것이니 교육부터 개혁하는 게 현명하다. 학벌과 스펙 위주의 교육과 평가 시스템부터 바꿔야 한다. 서울대 개혁과 동시에 지방 국립대의 거점화 등을 통해 지방균형발전론과 연동할 수 있을 때 능력주의 한계를 극복할 수 있다. 게다가 교육이 개혁되면 고질적인 수도권과 지방의 격차 문제와 균형발전, 지방소멸 등의 문제를 해결할 수 있는 실마리를 찾을 수 있다. 지방의 핵심 역량을 구축할 수 있는 인재를 확보할 수 있기 때문이다.

실패해도 다시 일어설 수 있는 사회를 원한다

지금의 20대는 그 어느 때보다 능력 있는 세대다. 지식이나 정보 활용 등 윗세대의 20대 때와 비교해도 월등히 능력이 뛰어나다. 그러나 기득권 때문에 기회를 제대로 제공받지 못했다. 직업을 구해도 정규직보다 비정규직에 들어갈 확률이 높다.

2023년 10월에 통계청이 발표한 〈경제활동인구 근로 형태별 부가조사〉를 보면, 20대 비정규직 근로자 수가 1년 전보다 9,000명이나 늘었다고 한다. 무려 142만 3,000명이다. 이 수치는 2003년 통계를 작성하기 시작한 후 사상 최대 규모이다. 청년들은 사회에 발을 내딛는 순간부터 불안을 안고 시작한다. 정규직과 비정규직의 임금 격차도 갈수록 벌어지고 있다. 이런 사회적 상황에서 청년들은 능력주의의 허상에 빠져 있다. 구조적인 문제인데도 능력을 키우라는 주문으로 청년들을 무한경쟁과 각자도생의 길로 내몰고 있다.

능력주의는 오로지 승자만이 살아남는 사회를 만든다. 능력주의는 시스템적으로 봐도 옳지 않다. 경쟁에서 탈락한 사람들이 다시 일어설 명분이나 기회를 주지 않기 때문이다. 능력주의 이면에는 패배주의가 도사리고 있다. 능력주의로 사람을 판단하고 사회 시스템이 정립되다 보면 어떤 성과를 이루지 못할 경우 패배주의에 빠져버린다. 그렇게 되면 소수의 승자와 다수의 패자가 구조적으로 갈라지면서 사회적인 문제가 일어날 수 있다. 능력주의와 패배주의는 동전의 양면이다.

실패하더라도 다시 도전할 수 있는 시스템이 안 돼 있는 상태에서 능력주의만 강조하면 사회 자체가 붕괴할 수 있다. 또 청년이 지닌 다양한 능력이 발휘되지 않아 건강한 사회를 만드는 데 방해될 수 있다. 도전과 실패, 재도전의 안전망이 시급히 구축되어야 하는 이유다.

능력주의는 어떻게 혐오와 차별로 이어지는가

능력주의가 우리 사회뿐 아니라 전 세계적으로 바람이 분이유는 과거의 신분제와는 달리 개인의 능력, 특히 교육과 관련한 학벌이나 지식, 기술 등으로 자신이 원하는 것을 이룰 수 있다는 믿음 때문이었다. 능력주의를 두고 공정한 경쟁을 통해 성과를 얻는 것이라 말하기도 했다. '공정한 경쟁'이라는 것에 대해 의구심을 가지지 않았다.

청년 세대 스스로 구분과 차별을 낳는 말을 하는 것을 종종 볼 수 있다. 대표적인 말이 '지잡대'와 '1등급 인간'이다. 이러한 말은 오로지 성적으로 인간을 판단하고 구분 지음을 내포하고 있다. 마치 인종주의와 다를 게 없다. 프랑스 사회학자 피에르 부르디외는 이를 두고 '지적 인종주의'라고 비판했다. 우리 사회에 널리 퍼져 있는 능력주의는 또 다른 차별과 혐오로 이어지는 지적 인종주의인 셈이다.

나는 지난 문재인 정부 때 능력주의가 어떻게 혐오와 차별로 이어지는지를 의대 정원 확대와 공공 의대 설립 이슈에서 분연히 느꼈다. 당시 일부 의사들은 공공 의대 출신은 의술이 떨어질 거라고 공공연하게 주장했다. 시험에만 매달렸던 사람이 시험의 효용성이 다하는 듯 보이니 격렬하게 반대한 것이다. 어떻게 얻은 안정적인 일자리인데 문을 열어놓는 게 불안한 것이다. 이 사회 전체가 공정의 탈을 쓴 불공정의 능력주의에 빠져 있다.

또한 의대 정원 확대와 공공 의대 설립 이슈로 나는 성적과 학벌로 사람을 차별하는 시선과 오만한 엘리트 의식을 확실히 엿보았다. 시험 점수로 차별을 정당화하는 건 출발선이 다른 불공정한 구조를 공고히 하는 불의다. 평가와 선발의 과정 자체가 공정하고 정의로운지 따져봐야 한다.

윤석열 정부가 전체주의다

　윤석열 정부는 공정과 정의가 아니라 검찰주의자들이 장악한 전체주의 정권이다. 법 기술자들이 모든 것을 쥐락펴락하는 검찰 독재정권이다. 합법적 통치 행위로 포장되어 있지만 그 이면에는 법의 미명하에 감춰진 폭력성이 도사리고 있다.

　이재명 대표와 야당 인사들을 향한 무리한 수사는 일반 국민이 봐도 집요한 사적 복수에 가깝다. 어디 그뿐인가. 시민사회까지 위협을 가하고 있다. 도대체 카르텔이라는 말이 언제부터 사회적 약자들의 공동체를 뜻하는 게 되었는가. 잘못된 관행은 당연히 고쳐야 한다. 그 의도가 건강한 시민사회를 만들고, 또 과거의 관행에서 벗어나 미래지향적인 시민사회를 위한 것이라면 이해할 수 있으나 아무리 봐도 그의 발언은 사회적 약자, 시민사회, 진보 진영의 목을 조르는 것으로밖에 보이질 않는다. 정작 카르텔은 재벌과 검찰 세력이지 않은가.

윤석열 대통령은 자신의 의견에 다른 목소리를 내는 국민까지 반국가세력으로 규정하고 있다. 그렇다면 지금 윤석열 대통령에 대한 부정적 의견이 60퍼센트가 넘는데, 그 60퍼센트가 다 반국가세력이란 말인가? 도대체 어느 나라가 절반이 넘는 국민이 반국가세력이란 말인가? 이쯤 되면 오히려 누가 반국가세력인지 모르겠다. 그런데도 검찰의 전방위적 횡포가 멈추지 않는다.

검찰 독재를 총선으로 심판해야 한다

이번 2024년 총선은 검찰 독재 세력과 민주주의 세력 간의 싸움이다. 이 싸움은 불가피하다. 정치가 경제의 발목을 잡는다는 말이 있다. 지금이 그렇다. 검찰 독재가 우리 경제를 얼마나 망치고 있는가. 국가 경쟁력의 기초를 닦는 R&D 예산의 대폭 삭감과 사회적 안전망을 해체하는 정책은 국가의 미래를 어둡게 만들고 있다. 우리가 혁신 세력으로 총선을 압승해야 하는 이유이다. 무소불위의 권력을 휘두르는 검찰 정권을 국민의 지지를 받아 검찰 개혁으로 심판해야 한다. 총선이야말로 검찰 정권에 대한 심판과 검찰 개혁의 적기라 할 수 있다. 준엄한 국민의 심판을 받아야 한다. 나는 2024년 총선에서 국회의원이 된다면 무엇보다 검찰 개혁만큼은 확실하게 싸워 이뤄낼 것이다.

과거로 회귀해버린
윤석열 정부

　공정과 정의는 우리 사회의 지향점이자 지금은 뼈 시린 가치다. 특히 젊은 세대에게 그렇다. 그만큼 우리 사회의 청년 세대는 공정과 정의가 보장되지 못해 생존에 위협까지 받고 있다는 이야기다. 문재인 정부는 "기회는 평등하고, 과정은 공정하며, 결과는 정의로울 것"이라는 기대를 안고 출범했다. 실제로 많은 정책과 정치·사회 분야에서 이러한 가치 실현을 위해 최선을 다했다. 문재인 정부에서는 권력형 비리나 측근 비리 같은 것이 없지 않은가. 지금 윤석열 정부가 눈에 불을 켜고 탈탈 털어대도 나오는 게 없을 정도다.

민주 정권의 경험으로 국민의 눈높이가 높아졌다

이제 국민의 눈높이가 높아졌다. 국민은 더 이상 계몽의 대상이 아니다. 오히려 국민이 정치인과 정치를 따끔하게 질책하고 있다. 사회적인 관행이나 불공정, 불합리 등에서 국민이 요구하는 기준은 점점 더 높아지고 있다. 지금의 정치가 이러한 국민의 눈높이를 따라가지 못하고 있지만, 문재인 정부 시절만 하더라도 정치 개혁을 향한 의지가 살아있었고 권력이 공정과 정의를 훼손하는 문화 또한 상당히 없어졌었다.

문재인 정부 때 가장 큰 이슈는 조국 전 장관 문제였다. 지금도 재판이 진행 중이지만 이 사안은 여전히 민감하다. 조국 장관을 둘러싼 몇몇 문제는 이 사회 지도층에서는 간과했던 것으로 높아진 국민의 눈높이에 미치지 못했기 때문에 벌어졌다. 그러나 이 사안의 경중을 판단하는 과정에서 검찰의 수사는 분명 지나친 감이 있다. 조국 전 장관의 검찰 수사를 보면 마치 조선시대 역모를 꾀한 역모자를 잡겠다는 듯 뒤지고 파헤쳤다. 이는 과연 공정한가? 검찰의 수사에 어떤 의도가 있는 게 아닌지 합리적 의심이 생긴다.

조국 전 장관은 과거부터 검찰 개혁을 올곧게 주장해 왔다. 검찰이 정치로부터 독립해야 하고 비대한 검찰 권력을 축소해야 한다는 의견을 굽히지 않았다. 그랬던 그가 법무부 장관에 오르자 검찰은 누가 봐도 무리한 수사와 기소를 거듭했다. 그런데 역설적인 사실은 검찰의 상위 기관이라 할 수 있는 법무부 수장을 기소해도 문제 삼지 않을 정도로 문재인 정부가 검찰의 수사권을 존중했다는 것이다. 문재인 정부는 검찰 개혁도 검찰의 의견을 받아들여 제도적인 보완과 공수처 설립, 수사권 분리 등을 법과 정의에 따라 진행했다. 조국 전 장관의 수사 과정을 보더라도 문재인 정부에서는 권력의 분산, 공정과 정의가 그 어느 정권보다 광범위하게 이루어졌다.

정치와 권력은 쌍둥이처럼 붙어 있다. 이 권력은 국민으로부터 비롯된다. 국민으로부터 위임된 권력이다. 이제 겨우 국민으로부터 비롯되는 정치의 권력, 그 권력의 올바른 행사 등 정치와 권력기관의 개혁을 향한 길이 마련되었는데 보수 정권이 들어서자마자 다시 권위주의적 권력의 오만함이 드러나고 있다. 정치인이 권력을 행사하는 것은 국민의 공익에 부합할 때여야 한다. 그렇지 않을 때의 권력의 부당한 행사는 늘 역풍을 맞고 단죄를 받았다.

열린 문화, 수평적인 의사소통, 공정과 정의는 말로만 외친다고 될 일이 아니다. 그런 문화가 뿌리내릴 수 있도록 분위기와 환경을 만들어야 한다. 문재인 정부는 권력에 집착하지 않았다. 검찰을 장악해서 정적을 제거하려 하거나 국세청, 감사원 등을 동원하여 기업을 압박하지도 않았다. 그보다 권력의 분산과 중장기적인 국정 운영 로드맵을 통해 경제적 성과와 한반도 평화에 기여했다. 다만 정당 구조의 개혁을 완수하지 못한 아쉬움은 남아있다. 과거 노무현 대통령 시절 당과 정부의 엇박자가 낳은 학습효과 때문인지 당정은 일사불란하게 움직여야 한다는 생각이 다수이다. 여당의 정치적인 영역이나 권한, 활동 등이 많이 위축되어 있다. 그러나 정부가 하는 일이 모두 선이라는 생각은 매우 위험하다. 여당 역시 정치 영역에서 제 역할을 해야 한다.

윤석열 정부의 언론 장악 시도

정권이 바뀐 뒤에 새 정부는 문재인 정부 지우기를 하고 있다. 이 정부는 문재인 대통령이 없었으면 어떻게 일을 했을까 싶다. 모든 것을 전 정권 탓으로 돌리며 자신의 실정과 실패를 덮어버리니 말이다. 새로운 미래 비전과 국정 운영의 로드맵을 제시해야 하건만 실체도 없고 어떤 사건이 벌어지면 전 정권 탓만 한다. 정책적 판단마저 사법적 잣대, 정확히 말하자면 검찰 권력으로 판단하려 하니 제자리에서 한 치도 앞으로 나아가지 못하고 있다.

공정과 정의는 언론에서도 숙고해야 한다. 나는 이명박 정부와 박근혜 정부가 방송을 장악하는 것을 보고 팟캐스트 방송만 들었다. 가려진 진실의 실마리를 그나마 찾을 수 있는 곳은 팟캐스트뿐이었다. 이제는 정권 입맛에 맞는 방통위원장의 등장으로 공중파 방송과 종이 신문의 위기가 더욱 가속되고 있다. 모두가 유튜브로 몰려든다. 미디어 신뢰도 부문 1위인 MBC를 장악하려는 모습을 보면 그들의 집요한 언론탄압과 방송 장악을 위한 집념을 엿볼 수 있다. 방송을 장악해야 자신들이 원하는 대로 할 수 있다고 믿는 듯하다. 그들은 어째서 역사로부터 교훈을 얻지 못할까? 보수 정권이 언론을 탄압하고 장악할 때마다 국민의 저항이 거셌는데 말이다. 언론을 장악한다고 해서 그들 뜻대로 되지 않는다는 것을 역사는 여실히 보여주고 있다.

이를 통해 보건대, 언론개혁은 민주주의 질서를 유지하는 데 꼭 필요한 과제다. 공영방송 경영진의 탈정치화와 언론인들의 자율성 보장이 그 무엇보다 필요하다. 이에 걸맞은 언론사의 책임 의식도 필요하다. 그래야 더 이상 '기레기'라는 오명을 벗을 수 있다. 윤석열 정부의 KBS와 MBC 장악 시도는 반드시 막아야 한다.

자고 나니
후진국이 되고 말았다

'국민은 위대하다.' 정치인들은 이 진리를 자주 잊곤 한다. 자기들만이 나라를 위하고 정치를 하는 위정자라고 착각한다. 그래서일까? 정치인 혹은 엘리트 관료들은 '개돼지'라는 말을 입 밖으로 낼 만큼 국민을 우습게 여기고 밀실에 모여 국정을 농단한다. 그러나 우리는 역사를 통해 안다. 우리 국민은 정치가 잘못된 방향으로 갈 때마다, 위정자가 독단으로 국정을 운영할 때마다 강하게 저항했다.

촛불집회는 국민의 목소리가 생생하게 터져 나오는 자리다. 지난 박근혜 대통령 탄핵 때도 그랬지만, 지금도 국민은 삶의 현장에서 느끼는 부조리와 불합리한 일을 촛불집회에서 성토한다. 남녀노소를 불문하고 매주 집회에 참여하는 분들은 행동하는 민주시민이다. 윤석열 정부의 폭거에 맞설 준비가 된 국민들은 이제 민주당이 강하게 행동하기를 갈망하고 있다.

우리 국민은 위정자보다 용감하고 지혜롭다. 평소에는 개인과 가족의 이익을 위해 살지만, 사회공동체가 망가질 때는 과감하게 박차고 나온다. 집단지성을 발휘하며 공적 이익을 위한 행동에 나선다. 그 용기와 지혜와 갈망이 모여 촛불을 하나의 횃불로 만든다. 윤석열 집권 1년, 그날이 멀지 않은 듯하다. 그때가 되면 나는 국민과 함께 행동할 것이다. 그러니 윤석열 정부는 지금이라도 국민의 목소리에 귀를 기울이는 편이 좋을 것이다.

윤석열 정부는 3무 정권이다

윤석열 정부는 역대 최악의 정부다. 무능하고, 무책임하고, 무도한 3무(無) 정권이다.

우선, 무능의 극치를 달린다.

1인당 국민소득이 문재인 정부 시절 코로나19 대유행 때보다 떨어지고 재정 적자는 부자 감세 등으로 큰 폭으로 커졌다. 그러자 엉뚱하게도 과학과 사회 복지 예산을 줄이며 긴축 재정 운운한다. 경기가 안 좋을 때는 정부가 지출을 늘려 경기 부양의 마중물 역할을 해야 하는데 부자와 기득권만을 위한 정책을 펼친다.

일 처리도 무능하기 짝이 없다. 이번 여름 잼버리 대회는 그동안 국제행사를 성공적으로 치르며 쌓아왔던 국제적 이미지를 하루아침에 나락으로 떨어뜨렸다. 문재인 정부 시절 '자고 나니 선진국'이라는 말이 있었다. 이제는 '자고 나니 후진국'이라는 말이 나올 정도로 나라가 망가지고 있다.

윤석열 정부 들어서서 경제성장률은 OECD 회원국 중에서 밑바닥을 헤매고 있다. 곤두박질하는 주가와 하늘 높은 줄 모르고 치솟는 물가는 최근 몇 년 동안 우리가 겪어 보지 못한 상황이다. 어디 그뿐인가. 무역수지는 상상을 초월하는 규모의 적자다. 그런데도 정신을 못 차리고 부자와 기득권의 배를 불리는 짓을 하고 있다.

둘째, 윤석열 정부는 무책임하다.

이태원 참사와 오송 지하차도 참사, 채상병 사망사건 등을 겪으며 보인 정부의 대응은 인륜을 저버린 것과 다를 게 없었다. 죽음 앞에서 가장 먼저 해야 할 것이 애도와 사과다. 그러나 이 정부는 책임을 모면하는 것에 급급했다. 사고를 수습하는 것조차 무책임하더니 끝내 자기 사람 챙기는 것에 그치고 말았다. 애민 의식이라고는 찾아볼 수가 없다.

특히 이태원 참사 1주기를 맞이하여 애도하는 자리에 대통령이 참석하지 않았다. 야당이 주최 측에 포함되어 있다는 이유에서였다. 야당이 주최 측에서 빠지겠다고 했는데도 기어이 불참하고 소위 '셀프 예배'를 봤다. 아픔을 삭이며 떠나보낸 가족을 애타게 그리워하는 유족들을 거리에 둔 채로 말이다.

책임도 실질적인 위로도 하지 않는 이 정권을 바라보는 국민의 시선은 차가울 수밖에 없다. 이런 정부를 어떻게 믿고 안심하며 삶을 영위할 수 있겠는가. 국민 스스로 안전을 고민하고 생존을 위해 분투해야 하는 각자도생의 시대가 개탄스러울 뿐이다.

셋째, 윤석열 정부는 무도하다.

인간으로서 지켜야 할 최소한의 도리를 지키지 않는다. 국민을 사랑하는 마음이 없는 자가 지도자로 있으니 우리 국민으로서는 불행한 일이다. 비록 선거를 통해 뽑았지만 설마 이 정도일 줄은 몰랐다. 오죽하면 철옹성 같은 지지를 보낸 대구와 경북에서도 부정적인 의견이 커지고 있을까. 이런 판국에도 윤석열 대통령은 본인의 이익에는 수단과 방법을 가리지 않는다.

서울-양평 고속도로 사태는 사적 이익을 위해 권력을 어떻게 남용하는지 생생하게 보여줬다. 나는 직접 양평 현장을 가보았다. 두 눈으로 확인해 보니 더 놀라웠다. 도시전문가로 봐도, 감정평가사로 봐도 원칙을 허물고 사적 이익을 챙기려는 것이 보였다. 아무런 부끄러움 없이 이토록 사익을 챙기는 정권, 그것도 노골적으로 챙기는 정권은 처음 본다.

더 늦기 전에 소통의 정치를 하길 바란다

무능하고 무책임하고 국민의 목숨을 지켜주지도 못하는 정권은 심판받아야 한다. 이 정부는 사고를 유발하고도 수습은커녕 책임도 지지 않는다. 해병대 채 상병의 죽음은 분명 지휘부의 잘못이다. 그런데 정부는 꼬리 자르기에 여념이 없다. 옳은 말을 하는 박 대령을 항명죄로 덮어 사건을 축소하려 했고, 수사와 관련한 법적 절차를 위반했다. 국민에게 항명한 것은 윤석열 정권이다. 국민은 이런 책임감 없는 모습에 분노한다.

3무 정권인 윤석열 정부는 정치조차 내팽개치고 있다. 어떤 사안에도 반대의견을 듣지 않고 반국가세력으로 몰기에 급급하고, 협상과 조율이라는 정치 작동 원리를 멈춰버렸다. 한마디로 무정치 정부다. 윤석열 정부는 지금이라도 야당과 소통하고 국민의 고통을 인지하고 사회적 약자가 사는 삶의 현장을 직접 챙겨야 한다.

당파를 떠나 대한민국을 생각한다면 윤석열 정부는 성공해야 하지만, 그 성공은 민주주의를 복원하고 민생을 돌보고 대한민국의 미래를 말할 때 가능하다. 철 지난 냉전 시절 이념의 족쇄에 스스로 갇히고, 툭하면 전 정권 탓만 하는 것으로는 국정을 운영할 수 없다. 지금도 모든 지표가 하락세다. 경제와 정치, 서민의 삶과 기업의 생산성 등 그 어느 것 하나 희망이 보이지 않는다. 더 늦기 전에 겸허함을 갖춘 소통의 정치를 하기 바란다.

6
부

나는 국민만
바라본다

군림이 아니라
동행의 정치를 한다

요즘 정치를 두고 '이념의 시대'를 넘어 '진영의 시대'라고 한다. 진보든 보수든 가치 논쟁이나 정책 경쟁보다 진영에 갇힌 논리로 갈등을 벌인다. 정치인으로서 참 서글픈 일이다.

정치를 시작한 이후 나는 국민만 바라봤다. 진영이나 계파보다 국민을 바라보는 정치를 하려 했다. 냉전 이념의 잣대로 판단하지 않으려면, 진영 논리에 갇히지 않으려면 국민을 바라봐야 한다. 리더십도 마찬가지다. 국민 위에 군림하는 리더십의 정치는 해본 적도, 할 생각도 없다. 특히 민의로 뽑히는 국회의원이 되면 더욱 그러하다. 국민과 함께 호흡하며 국민이 원하는 것에 귀 기울일 수 있는 정치를 할 것이다.

국회의원은 국민의 대표일꾼이다

보통 정치적 리더십이라고 하면 권위주의적 리더십, 전체주의적 리더십, 관료주의적 리더십, 민주적 리더십 등을 거론한다. 우리 사회는 이 모든 리더십을 겪어 봤다. 광복 후 이승만 대통령 때부터 민주정권이 들어서기 전까진 권위주의와 전체주의를 거쳐 관료주의까지 모두 겪었다.

국민은 민주적 리더십의 역동적인 시기를 기억한다. 김대중 대통령과 노무현 대통령, 문재인 대통령으로 이어지는 민주적 리더십은 사회의 역동성을 불러일으켰다. 혹자는 이러한 역동성을 사회의 불안 요소로 치부하지만, 돌이켜보면 오히려 그때 가장 사회 위기를 극복하고 발전과 안정을 꾀할 수 있었다.

간혹 사람들이 내게 묻는다. 내가 추구하는 정치적 리더십은 무엇이냐고. 어떤 이들은 정치를 하는 사람이라면 지도자의 위치에 있으므로 강력한 카리스마를 갖춰야 한다고 한다. 그러나 나는 국회의원의 자리를 권력의 자리로 보지 않는다. 국회의원은 국민과 공감하고 교감하며 보다 나은 사회공동체를 만들어 나가는 대표일꾼일 뿐이다. 이런 생각으로 가치를 추구하면 당리당략이나 진영 논리에서 벗어날 수 있다. 가치를 지향하는 것과 진영 논리에 갇히는 것은 다르다. 오로지 국민만 바라보는 리더십으로 정치를 할 때 진영에서 벗어나 국민을 위한 정치, 국민의 정치를 할 수 있다.

국민을 바라보는 리더십으로

처음 정치권에 발을 내디딜 때부터 나는 국민을 섬기는 정치를 추구했다. 물론 이런 정치가 말처럼 쉽지는 않다. 국민이 늘 내 마음 같지 않고 정치 환경도 항상 우호적이지는 않기 때문이다. 그럴 때마다 노무현 대통령의 말이 떠오른다. 노무현 "대통령은 농부는 밭을 탓하지 않는다."는 말씀을 자주 하셨다. 그분의 말씀처럼 밭을 탓한들 무슨 소용이 있겠는가. 평소 밭을 잘 보살피지 못한 농부의 탓이 더 크다. 밭을 잘 일구고 땅의 지력을 튼튼하게 하는 게 농부의 역할이니 말이다.

노무현 대통령은 국민을 믿고 정치를 해야 한다고 늘 강조하셨다. 정권이 바뀌어도 깨어 있는 시민이 있으니 믿어야 한다는 것이다. 가끔 어려운 일이 생길 때 그분의 말씀을 종종 떠올린다. 그분과 같은 신념으로 국민의 꿈을 이루겠다는 정치를 시작할 때의 초심을 매번 떠올린다. 나는 이게 국민을 믿는 정치인의 자세라고 생각한다.

지금 나를 성원해 주는 사람들이 있다고 해서 국민을 믿는다는 게 아니다. 그보다는 수많은 질책으로 궁지에 몰리고 어려운 처지에 빠지더라도 대의명분에 맞고 공익에 부합하는 것이라면 결국 국민이 알아줄 것이라는 믿음이다.

정권 말기 노무현 대통령의 지지율은 많이 떨어졌고 정권마저 교체되었다. 그때 얼마나 많은 사람이 대통령을 비난했는가. 그렇지만 시간이 지날수록 노무현 대통령에 대한 그리움과 지지도는 점점 더 올라갔다. 2019년에 한국갤럽이 발표한 자료에 따르면, 역대 대통령 중 우리나라 사람들이 가장 좋아하는 대통령 1위가 노무현 대통령이었다. 또 동아시아연구원이 출간한《2020 한국인의 정체성》에서 역대 정부의 업적 평가를 보면 1위는 박정희 대통령이지만 2위부터 4위가 노무현, 김대중, 문재인 대통령 순이었다. 이명박, 박근혜 대통령은 최하위를 기록했다. 이 지표들만 보더라도 당대의 평가를 떠나 국민을 위한 정치, 국민을 바라보는 리더십이 국가를 나은 방향으로 이끌 뿐만 아니라 국민으로부터 지지를 받는다는 사실을 알 수 있다.

국민을 믿고 갈 것이다

정치는 국민을 믿고 하는 것이라고 믿는다. 공익에 기여하는 것이 가장 우선순위라고 생각한다. 수많은 학자나 평론가가 복잡한 정치 공학적 해석을 늘어놓아도 큰 틀에서 보자면 답은 분명하다. '국민을 위한 정치'. 명료한 이 말 한마디에 내가 정치를 하는 이유와 역할이 담겨 있다.

나는 사실 리더십이라는 말을 잘 쓰진 않는다. 마치 내가 목표하는 곳으로 아랫사람들을 끌고 간다는 느낌을 받기 때문이다. 국민을 바라보는 정치를 하려는 나는 발품을 팔고 다니면서 국민을 만날 것이다. 국민의 삶과 생업이 있는 현장에 가서 국민이 무엇을 원하는지 마음을 열고 언제나 들을 것이다.

선거 때만 되면 사람들이 모인 곳에 찾아가 악수하고 인사하는 언행을 일삼기보다, 이벤트를 열 듯 사이다 발언으로 대중의 이목을 끌기보다 책상 위에 수북하게 쌓인 현안과 입법 자료와 씨름하고 국회의원이 진정으로 있어야 할 현장에 자리를 지키고 있을 것이다.

정치인의 발언은 사실관계로부터 시작해야 한다. 그리고 사실을 이야기할 때는 선동이 끼어들 여지가 없어야 한다. 사이다 발언은 자기 진영에 있는 사람들의 속을 잠시잠깐 시원하게 해줄 수는 있으나 자칫 진영 논리를 강화하는 부작용을 낳는다.

　국민적 재난이 발생했거나 불상사가 터졌을 때에는 그 사실 앞에 한없이 겸허할 것이다. 그 비극을 호도하고 오도하지 않을 것이다. 사실을 비틀어 나에게 유리하게 말하지 않을 것이다. 보수 정치권이 이태원 참사와 오송 지하차도 참사 등을 겪으면서 보여준 모습을 되새기면서 반면교사로 삼을 것이다.

정치 생태계를 과감히 바꾸자

    우리 몸의 여러 기능은 유기적인 역할을 한다. 한 곳이 막히면 다른 곳의 기능도 제 역할을 할 수 없다. 하물며 국가는 어떻겠는가. 미세한 핏줄로 이루어진 인체처럼 국정 또한 아주 복잡하게 운영된다. 적재적소에 재정이 투입되어야 하고 행정과 입법, 정치 등 제 역할을 해야 국민의 삶이 나아진다.

    그런데 지난 박근혜 정부 때 이게 마비됐다. 일련의 사태로 정치와 행정, 문화와 교육 등 국정 곳곳에 혈액순환이 원활하지 않고 동맥경화에 걸린 것처럼 마비되고 말았다. 국정이 마비되니 국격이 떨어지고 정치와 경제 등 사회 곳곳에서 파

열음이 났다.

적폐 청산과 촛불혁명

막힌 곳이 있으면 빨리 발견하고 뚫어야 한다. 그래야 위기를 극복하고 미래를 계획할 수 있다. 적폐 청산은 이러한 의미에서 몸속의 노폐물을 제거하여 혈액순환을 돕자는 것이었다. 회복과 신뢰를 통해 미래로 나아가기 위한 디딤돌을 마련하자는 것이었다.

적폐 청산은 잘못된 과거에 대한 단죄만을 이야기하는 게 아니다. 대한민국의 미래는 반성에서 출발해야 한다. 이는 비단 지난 정권만의 문제가 아니다. 몇몇 사람을 두고 죄가 있으니 처벌해야 한다고 단정하는 것에 그쳐서는 안 된다. 국회의원을 비롯해 공적 영역에 있는 모두가 자기 점검을 해야 한다. 이미 국민은 이러한 적폐 청산을 위해 촛불을 들었다. 다만 아쉬운 것은 적폐 청산과 함께 국민이 기본권과 권력구조, 선거제도, 지방분권 등 개혁 과제를 함께 고민해 보고 선택하는 시간을 가지지 못했다는 것이다.

혁명이라는 말을 붙일 만큼 박근혜 대통령 탄핵 촛불시위는 분명 구시대의 종언과 새로운 시대의 개막을 염원하는 국민의 바람이 담겼다. 그러나 그 바람만큼 한국 정치와 사회가 바뀌고 있는지는 지금으로서는 회의적이다. 기시감이 들 만큼 현재의 정치 지형은 공정과 상식이라는 윤석열 대통령의 선거 슬로건과 동떨어졌고, 공정과 상식도 그들만의 리그에서 통용되고 있기 때문이다.

문재인 정부는 촛불혁명을 배경으로 탄생하였다. 역사적으로 본다면 문재인 정부는 권력이 다시 국민에게 돌아간 정권이다. 그래서 문재인 정부는 정의와 혁신을 내세워 후퇴하던 한국의 정치와 억압받던 시민의 권리를 회복하기 위해 노력했다. 정의로 적폐를 청산하고 혁신으로 국가의 미래를 설득했다. 혁신을 지향하면서도 사회적 약자가 소외되지 않도록 포용했고, 한반도의 평화와 번영을 내세웠다. 시대적 사명과 패러다임의 전환을 이야기하며 새로운 시대정신을 내세우려 했다. 이 시대정신은 정치인이 아니라 국민이 만든 것이며 주도한 것이다.

┏━ 대의 정치를 무너뜨려선 안 된다 ━┓

우리 역사는 4·19혁명과 5·18 광주민주화운동, 87년 6월 항쟁 등 새로운 시대정신의 탄생을 국민이 주도한 경험이 있다. 탄핵도 마찬가지다.

　노무현 대통령 탄핵 발의 때는 지극히 정파적 이해관계에서 탄핵이 주도되었다. 정치권의 야합으로 이루어진 이 탄핵 발의에 국민의 탄핵 반대 운동은 날이 갈수록 거세졌고 결국 헌법재판소에서도 기각됐다. 반면 박근혜 대통령 탄핵은 국민의 손에 의해 진행됐다. 정치권이 우왕좌왕하는 사이에 국민은 단호하게 대통령의 탄핵을 요구했고 결과는 헌법재판소의 국회 탄핵 인용으로 결정 났다. 이 모든 게 국민의 뜻이었다.

　이때의 탄핵과 같은 국민의 직접적인 의사표시를 두고 직접 민주주의를 해야 한다고 말하는 이들이 있다. 역사의 결정적인 순간이 있다면 국민이 직접 정치적 의사 표현을 하고 기본권을 행사하는 것이 맞지만, 이것이 직접 민주주의를 해야 한다는 당위성으로 곧바로 연결되는 것은 아니다. 촛불 광장에서 울린 시민들의 목소리는 시민이 직접 정치를 하겠다는 의미보다 대의 정치를 강화하는 목소리라고 볼 수 있다. 대통령을 탄핵하고 정치의 적폐를 청산하는 과정에서 목소리를 내되, 그만큼 대의 정치가 책임 정치로 가야 한다는 매서운 질책을 했다고 봐야 한다.

　촛불혁명은 두 번 다시 일어나기 쉽지 않은 역사적 사건이다. 이런 일이 여러 번 발생한다고 하면 대의 정치가 제대로 이루어지지 않고 있다는 심각한 경고로 봐야 한다. 대의 정치가 작동을 안 한다는 것은 국가와 사회가 혼란에 빠진 것이므로 대의 정치의 대표자라면 이러한 상황을 늘 곱씹어볼 줄 알아야 한다.

그런데 지금도 선동 정치의 유혹에 빠져 대의 정치의 근간을 스스로 무너뜨리는 정치인들이 있다. 요즘 유튜브를 비롯한 소셜미디어를 보면 대의 정치나 정책 논쟁의 장은 자꾸만 입지가 좁아지는 듯하다. 정부의 정책이나 당의 정치활동에 대해 과감히 비판할 줄 알아야 하고, 또 비판의 당사자는 적극적으로 귀를 기울이고 겸허한 모습을 보여주어야 하는데 이것이 안 되고 있으니 오죽하면 윤석열 정부 또한 탄핵이라는 말이 나오는 게 아닌가 싶다.

숙고하고 결정하는 선거 문화가 필요하다

민주주의는 원래 느린 발걸음으로 움직인다. 어떤 사안을 민주주의 방식으로 합의하려면 많은 시간과 노력이 필요하다. 느리고 시끄럽고 비용도 많이 드는 제도이지만 일단 결정되면 국민으로부터 지지를 받기 때문에 강한 추동력을 얻을 수 있다. 이제 국민도 투표나 정책 참여를 할 때 훨씬 더 신중해야 한다. 충분히 논의하고 숙고하고 결정하는 선거 문화가 필요하다. 선거는 돈을 많이 들여 대의 정치의 대표자를 뽑는 일이다. 다음 선거 때까지는 쉽게 되돌릴 수도 없다.

촛불혁명은 정치 지형을 바꾸어 놓았다. 그러나 암세포와 같은 진영 논리가 판치는 정치판을 바꾸지는 못했다. 문재인 정부의 평화와 번영이라는 가치도 이러한 진영 논리의 아수라장에서 철 지난 이념적 공격을 무수히 받았다. 사실 문재인 정부는 적폐 청산과 한반도의 평화와 공존이라는 시대적 사명을 받아들였을 뿐만 아니라 예기치 못한 코로나19 팬데믹에서 국민을 보호해야 하는 특수한 사명까지 받아 안아야 했다.

다행히도 문재인 정부는 평화와 번영, 그리고 코로나19 팬데믹에 잘 대처했다. 한반도에서의 평화 정착과 K-방역이라는 별칭으로 전 세계에 국격을 높였다. 국격의 상승은 선진국이라는 지표를 얻는 것에만 그치지 않았다. 해외에서 한국인이라고 밝히면 확연히 이전과는 다른 반응을 느낄 수 있었다. 해외 언론에서도 대통령과 한국에 관한 우호적인 기사가 쏟아졌다.

자고 일어나니 후진국이라는 말이 나도는 윤석열 정부는 외교적인 실수를 너무 많이 하고 있다. 국제적으로 망신살을 뻗치며 스스로 국격을 낮추고 있다. 평범한 인간관계에서도 실수를 만회하는 게 쉽지 않은데 하물며 외교 관계나 국제무대에서의 실수는 수습하는 게 참 어렵다. 미국만 봐도 그렇다. 트럼프 대통령 시절, 전 세계가 미국을 조롱거리로 삼았다. 대통령 개인의 일탈과 말실수로 볼 수 있지만, 그것 때문에 미국의 체면이 심하게 깎인 것은 사실이다.

불과 몇 개월 전만 해도 우리나라는 선진국의 반열에 들어서 국격을 한껏 높였다. 그러나 대통령 하나 바뀐 지금 '왜 부끄러움은 국민의 몫인지 모르겠다'는 자조가 흘러나오는 형국이다. 다시 원래대로 바꿔야 한다. 우리는 할 수 있다.

국가의 미래 전략은
연속성이 있어야 한다

공교롭게도 촛불혁명 이후 발생한 코로나19 팬데믹은 우리 사회가 새로운 패러다임, 그중에서도 경제 패러다임의 변화에 능동적으로 대처하는 분기점이 됐다. 경제적으로 보면 이는 국제적인 공급망의 변화를 불러왔다. 이제는 강대국들이 자국 내에서 공급망을 완성하겠다고 나오고 있다. 비교 우위 등을 따져 공급망을 분업했던 예전 체계가 허물어졌다.

국가의 미래와 비전은 장기적으로 봐야 한다

수시로 바뀌는 환경의 변화는 정치의 각성을 요구한다. 새로운 패러다임에 어떻게 적응할지, 기후 위기와 관련한 또 다른 무역 장벽의 발생에는 어떤 대안을 세울지 새로운 국가적 과제가 연이어 등장하고 있다. 이런 급박한 상황에서 정치가 발목을 잡고 있어서는 안 된다. 예를 들어 탄소세를 주장하는 것은 분명 새로운 경제의 패러다임이다. 경제활동과 무역에서 새로운 방식과 명분이 등장한 것이다. 현재 선진국들은 그들의 체제를 흔들지 않으면서도 이 문제를 선점하고 있다. 하지만 우리나라는 어떤가? 탄소 중립과 관련해서는 개발도상국과 선진국 사이에 끼어 있는 묘한 위치에 있다. 정치인이나 지도자는 현명해져야 한다.

실제로 문재인 정부 때는 탄소 중립 문제와 관련하여 선제적으로 대응했다. 우리나라도 탄소 중립에 적극적으로 나서겠다고 하고, 신재생에너지에 강력한 의지를 밝혔다. 이런 정책을 추진한다고 해서 당장 문재인 대통령에게 유리하거나 불리한 것은 없었다. 정권도 마찬가지다. 국정 지지도 상승이나 인기 영합과는 거리가 먼 국가적 과제와 미래 전략을 수행하는 것일 뿐이었다. 문재인 정부는 탄소 중립과 관련해 국가의 새로운 미래와 비전을 보고, 미리 대비하여 국가 전체가 움직일 수 있도록 정치적인 환경을 만들고자 한 것이다.

국가의 미래 전략은 단기적인 시각이나 당리당략적 사고에서는 나올 수 없다. 국제적으로 신뢰를 얻을 수 있어야 한다. 이 부분이 굉장히 중요하다. 이는 정권의 연속성이 아니라 국가 전략의 연속성과 관련이 있다.

국가의 미래와 평화 정착을 고대하며

국가의 미래 전략이 정권이 바뀌자마자 거꾸로 가고 있다는 이야기가 끊임없이 들린다. 윤석열 정부에서는 탄소 중립마저도 역행하는 정책과 발언이 아무런 숙고 없이 나오고 있다.

북한과의 관계도 위태롭다. 연일 미사일을 쏘고, 또 이와 관련한 강경한 대응을 하겠다는 긴장 고조의 나날이 멈추지 않고 있다. 남한과 북한, 미국과 중국 등 동북아 전체의 관계를 고려해야 하는 이 복잡한 문제에서 문재인 정부는 균형자 역할을 하려 여러 방식을 도입하고 시도했었다. 비록 국제 정치의 상호 이해관계가 달라 이루고자 하는 목표까진 가지 못했지만, 싱가포르에서 북미회담이 열리는 등 한반도 평화를 위한 실질적인 발걸음을 내디뎠다.

남과 북의 지도자가 분단을 상징하는 선을 넘어서 나란히 걷는 장면은 예전에는 상상할 수도 없었다. 그동안 정체됐던 남북 간의 교류와 평화 정착을 위한 명확한 비전이 있었기 때문에 각종 위기에도 인내하며 해법을 마련한 것이다. 지금의 윤석열 정부는 이러한 부분에서 혜안이 보이지 않는다. 힘과 힘이 맞부딪혀 결판을 내려는 듯 긴장을 고조시키고 있다. 한반도는 늘 그랬듯이 평화를 전제로 한 정책 로드맵과 정치활동이 있을 때 긴장 국면을 해소하고 미래를 기대할 수 있다. 지금은 그저 지켜볼 수밖에 없지만, 부디 윤석열 대통령이 국익과 평화의 실현을 위해 무엇을 해야 할지 고민하길 고대한다.

상생과 협력으로
새로운 노사관계를 정비한다

　　기업과 노조는 대립이 아니라 상호 보완적인 관계다. 각각의 주체는 서로가 필요하다. 둘 중 하나가 등 돌리면 파국이다. 오랜 세월 기업은 노조를 적대적 관계에서 바라봤다. 과거 노조에 대한 탄압이나 노동의 천시 등으로 기업은 노동을 수직적 관계에서만 이해하려 했다. 그리고 기업활동의 경쟁적 관계로 인식하였다. 하지만 이 경쟁적 관계라는 것은 애초에 성립되지 않는 논리에 불과하다. 기업의 경쟁자는 또 다른 기업이다. 노조는 경쟁 기업을 이기기 위한 투자 대상이자 핵심 역량이다.

노사 관계를 위해 해야 할 여러 가지

1987년 6월 항쟁을 기점으로 형성된 한국 사회의 기업과 노조 관계 또한 새로운 패러다임을 맞이하였다. 이에 따라 기업이 강자이고 노조가 약자라는 전통적인 구도도 수정할 필요가 있다. 강자와 약자의 관계로만 보면 상호 협력보다 시혜적 관계나 억압적인 관계로밖에 대처할 수 없고, 그래서는 디지털 전환이나 4차 산업혁명과 같은 새로운 패러다임에 대응할 수 없기 때문이다.

이제 기업은 노사관계의 대립 구도보다 기업을 둘러싼 안팎의 악재에 대응해야 한다. 소상공인도 아르바이트나 계약직 직원과의 갈등으로 시간을 허비해서는 안 된다. 중소기업도 노동이 문제가 아니다. 오히려 대기업과의 거래 관계에서 발생하는 부당한 대우나 갑질 등에서 자기 몫을 온전히 챙기는 데 집중해야 한다.

기업과 노조와의 관계에서는 기업이 시각을 바꾸는 게 먼저일 것이다. 노조 조직률이 10퍼센트도 안 되는 나라에서 과도하게 노조를 억압해서는 지금의 노사 대립 관계를 풀기 어렵다. 노사분쟁이 발생했을 때 파업이나 시위 등을 부각해 노조의 책임인 양 몰아가는 경향도 고쳐야 한다. 의사소통을 통해 새로운 협력 관계를 만들어야 급변하는 시장에 대응할 수 있다. 언제까지 노동운동, 좌파 타령만 할 수는 없다.

정부도 새로운 노사관계를 위해 제도를 정비해야 한다. 무노조 기업은 모범적인 기업이 아니다. 노조와 기업이 협력적 파트너로 서로 인정하는 사업체가 모범 기업이다. 그러므로 노조와 기업이 협력적인 사업체, 소위 말해 착한 기업, 인간적인 기업에 각종 인센티브를 제공하고, 기업 홍보를 다각적으로 지원해 줄 필요가 있다. 지금의 소비 트렌드는 '착한 기업의 제품과 서비스를 이용하는 착한 소비'이다.

상생과 협력의 문화가 바탕이 된 경제 생태계가 먼저다

나는 우리 기업 생태계가 노조와 기업, 대기업과 중소기업 등이 함께 상생할 수 있기를 바란다. 그렇게만 된다면 사회는 훨씬 안정적이고 덜 약탈적인 관계가 될 수 있을 것이다. 그러기 위해선 경제 주체 간의 관계를 전통적인 기업과 노조로 볼게 아니라 강자와 약자의 관계로 볼 필요가 있다. 기업에는 노조 외에도 비정규직 구성원이나 하청업체 등 살펴야 할 약자가 있으니 말이다.

을과 을의 대립으로 갈등 프레임을 만드는 것도 경계해

야 한다. 예컨대 최저임금 인상은 최저임금을 받는 청년이나 여성, 비정규직 등에게는 나름의 고충을 해소할 방안이었으나 하청 업주나 프랜차이즈 업주 등 소규모 자영업자들에게는 인건비 상승이란 고통이 가중되었다. 인건비가 상승해도 본사나 원청 기업은 부담을 나누려 하지 않았다. 그저 을과 을의 갈등을 유발할 뿐이었다. 그러므로 어느 한쪽이 일방적으로 양보할 수 있는 사안이 아닌 경우 정부의 중재와 대안 마련이 무엇보다 필요하다.

프랜차이즈 업주들도 말이 사장이지 기업 생태계에서는 가장 아래에 위치해 있다. 프랜차이즈 업계는 수평적 생태계가 아니라 수직적 생태계이다. 그들은 직원의 인건비와 본사에 내야 하는 각종 비용 사이에서 허덕인다. 서비스업의 비중이 커지고 자영업자가 늘어나는 추세에서 이러한 위치에 있는 분들은 크나큰 고통을 받고 있다. 그런데도 정부는 이들의 이야기에 귀를 기울이지 않았다. 현장 위주의 행정이 되지 않으니 경제 생태계의 강자와 약자 간의 관계, 수평적 생태계 구축 등과 같은 과제를 신속하게 풀어내지 못하고 있다.

가진 돈을 다 투자해서 장사나 소규모 사업을 하는 영세 상인도 돌봄이 필요하다. 이분들이 실패하면 그 여파는 매우 클 것이다. 가뜩이나 우리나라는 자영업자의 비율이 높다. 전체 취업자 5명 중에서 1명이 자영업자이다. 이는 외국과 비교

해도 높은 수준이다. 2020년 기준으로 한국은 경제협력개발기구 국가 중에서 자영업자 비중이 6위이고, G7 국가 중에서는 가장 높다. 그런데 월평균 소득은 200만 원도 안 된다. 이들이 무너지면 우리 경제가 흔들릴 수밖에 없다.

　노조도 새로운 패러다임에 맞춰 변화하고 혁신해야 한다. 1987년 6월 항쟁으로 형성된 사회 구조나 경제, 기업과 노동의 관계는 전환이 필요하다는 의견이 곳곳에서 제기되고 있다. 경제는 어느덧 전통적인 노사관계, 정규직 위주의 노조 등에서 벗어나 플랫폼 경제와 긱 노동자(Gig worker) 등 새로운 형태로 바뀌고 있다. 이러한 변화에 맞춰 노조도 새로운 미션과 비전을 보여줘야 한다. 노조 없이 일하는 열악한 노동자들이 많다. 대기업 노조는 '귀족노조'라는 오명을 들을 만큼 기득권 세력으로 치부되기도 한다. 노조와 노조 간의 갈등, 정규직과 비정규직 간의 갈등은 또 어떤가. 이러한 프레임을 깨기 위해서라도 노조 자체의 혁신과 변화가 국민의 눈높이에 맞춰 이루어져야 할 것이다.

　노조와 기업, 대기업과 중소기업 간의 관계는 상생이어야 한다. 과거처럼 대립과 수직적 관계는 서로에게 도움이 안 된다. 상생과 협력의 문화가 바탕이 된 관계 설정이 되어야 건강한 경제 생태계를 만들어갈 수 있다. 사회적 대타협의 과제도 이러한 생태계가 만들어질 때 가능하다.

인구 절벽과 지방소멸은 국가 개조로 극복한다

지금 가장 현실적인 문제는 인구와 관련한 것이다. 지역 공동체를 보전하고 발전하려면 우선 그곳에 사는 사람들이 있어야 한다. 그러나 지방 곳곳에 빈집이 늘어나고 주민 수가 급감하고 있다. 유권자 수가 많아 선거구를 쪼개는 화성 같은 지역도 있지만 인근 지역과 선거구를 통합하거나 아예 선거구가 소멸하는 지역도 있다. 지역구가 통합되거나 없어지면 지역 유권자를 대변하는 대의 정치에도 영향을 끼칠 수밖에 없다. 오늘날 인구 소멸은 우리 사회의 정치 구조에 변화를 압박하는 요인이 되고 있다.

인구 감소는 이미 시작됐고
추세 또한 가파르다

이미 국민은 고령화 사회와 인구 절벽이라는 단어에 익숙할 정도로 인구 문제를 심각하게 받아들이고 있다. 우리나라 총인구는 2020년 최고점을 기록한 뒤에 내리막길로 접어들었다. 2055년에는 인구가 4,500만 명에서 머물 것이라는 전망도 나온다. 현재 인구가 대략 5,150여만 명이기 때문에 상당한 숫자가 줄어드는 셈이다. 합계 출산율은 2022년에 이미 1명 이하로 줄어들어 0.78명이었는데, 2024년에는 0.6명으로 줄어들 것이라고 한다. 합계 출산율이 1명 이하인 나라는 전 세계에서 우리나라가 유일하다.

비혼자의 비율도 갈수록 증가하고 있다. 인구 감소를 유추할 수 있는 통계치 중 하나가 1인 가구 수의 증가이다. 우리나라는 벌써 3가구 중에서 1가구가 1인 가구이다. 20~30대의 비혼자는 늘어나고 그만큼 출산율은 떨어지는 악순환의 구조가 만들어져 어린이집도 최근 4년 동안 전국에서 5곳 중에서 1곳이 문을 닫을 정도이다.

인구 절벽이 가져오는 더 큰 문제는 국가의 미래를 설계하고 운영하기 힘들어진다는 것이다. 생산 가능 인구가 빠르게 줄기 때문에 경제활동이 위축될 수밖에 없고 이것이 지속되면 경제위기로 이어질 수 있다. 그리고 이는 국가경쟁력의 약화를 불러일으킬 것이다. 미국의 워싱턴대학 보건연구소의 연구에 따르면, 한국의 인구는 계속 줄어들어 2100년이 되면 2,700여 만 명으로 줄어들어 전 세계 국가 중 국력의 순위가 20위권 밖으로 밀려날 것으로 보고 있다. 인구가 줄어드는 것은 이미 추세가 되었다. 그 추세를 조금이라도 늦추려면 이를 어떻게 연착륙시킬지 고민해야 한다.

멈출 수 없기에 도전한다

조치원이 고향인 나는 서울에서 대학을 나와 3년 동안 감정평가사 시험을 공부했다. 그때까지만 해도 빨리 성공해서 어려운 집안에 보탬이 되고 싶다는 열망이 강했다.

감정평가사 시험은 생각보다 어려웠다. 이때를 생각하면 정치도 마찬가지라는 생각이 든다. 정치권 밖에서 보면 정치가 쉬워 보인다. 목소리를 크게 내고 마음만 먹으면 선출직에도 당선될 것 같다. 그러나 정치는 사람의 삶을 돌보는 것이다. 어려울 수밖에 없다. 사람에 대한 이해와 공감이 있어야 하는 것이 정치다.

내가 정치에 관심을 두게 된 이유는 이 책의 프롤로그에서 밝혔듯이 2008년 광우병 촛불집회 때부터다. 알고 보면 정치는 이렇듯 나와 우리 삶에 밀접한 관련이 있다. 내 삶과 무관했더라면 아마도 나는 정치에 관심을 두지 않았을지도 모른다.

2008년 이후로 우리 사회에는 격변에 가까운 일들이 무수히 일어났다. 노무현 대통령 서거, 세월호 참사 등을 보면서 나는 왜 우리 사회가 이렇게 됐는지 의문을 거두지 못했다. 그리고 이 모든 일이 정치가 바르게 서지 못했기 때문임을 깨달았고, 시간이 갈수록 내 삶과 공동체에 대한 책임 의식과 정치적 의식은 커져만 갔다.

나의 정치의식은 점차 단련되어 갔지만 세상은 그렇지 않았다. 노무현 대통령 시절 만든 국가 시스템은 알게 모르게 붕괴했고, 보수 정치는 책임 회피와 자기 세력의 이익에만 급급했다. 국가의 무능, 보수 정치의 민낯이 가감 없이 드러났다. 원래 보수는 도덕성과 책임감을 정체성으로 삼는다는데 우리나라 보수주의자에게는 이 두 가지 모두를 발견할 수 없었다. 그저 본인들 이익 위주로 돌아가는 집단일 뿐이었다.

이런 세상에서 아이를 키울 수 있을까? 나는 아이가 혼자 살아도 잘사는 세상이었으면 좋겠다. 하나의 잣대로 평가받지 않고 모두가 자신의 꿈을 이루며 살 수 있는 그런 세상이기를 바랐다. 그러나 내 아이가 두 돌이 지났을 때 벌어진 세월호 참사는 그 기대를 불안과 걱정으로 바꿔놓았다. 세월호 참사는 당시의 정부가 국민의 꿈은커녕 생존마저 가벼이 여기고 있음을 만천하에 드러낸 사건이었다. 나는 이를 보수 정치의 문제라고 보았다. 보수 정권과 보수 정치의 민낯과 무능을 보면서 나는 차츰 정치 참여형 인간으로 바뀌었다.

새로운 시대적 사명을 받들고자 한다

나는 정치적·사회적 약자를 위해 정치를 지향한다. 그렇다고 무조건 원리원칙만을 내세운 약자를 위한 정치를 외치지는 않는다. 즉 정치적·사회적 약자를 위한다는 이유로 다른 사회 구성원의 권리와 이해관계를 외면하지는 않는다. 나는 원칙은 지키되 숙고와 숙의를 통해 더 나은 원칙이 세워진다면 이를 받아들일 것이다. 다만 원칙이라는 이유로 무조건 지킨다는 것은 교조주의자에 불과하다고 생각한다.

윤석열 대통령처럼 틈날 때마다 철 지난 색깔론을 끄집어내어 '보수주의의 원칙'을 말하는 것은 시대착오적이며 교조주의라고 본다. 진보도 지난 세기의 정치적 교리로 21세기를 바라본다면 '진보의 도그마'에 빠진 것이다. 진보의 영역에서 성역이 어디 있겠는가. 말 그대로 진보는 끊임없이 변화하며 좀 더 나은 세상으로 나아가는 것이어야 하지 않을까?

정치인들은 국민통합을 외치면서 이를 정치 공학적으로 바라보고 당과 당의 통합으로 생각할 때가 있다. 물론 각 지지자를 대변하는 정당들의 통합을 국민통합으로 볼 수도 있을 테지만 그 대부분은 그저 이해관계의 이합집산에 지나지 않는다. 정치인들끼리 권력과 지분을 나누는 일종의 야합에 가깝다. 예전 정치는 이런 예가 많았다. 당과 당을 합쳐 놓고 국민통합을 명분으로 끌어들였다. 그러나 그 통합으로 국민이 통합되기는커녕 갈등만 더 커졌다. 그러므로 국민통합을 위해 당을 합치더라도 시대정신에 부합하는 명분이 있어야 한다.

1997년 대선을 앞두고 노무현 대통령이 있던 꼬마 민주당과 김대중 후보의 새정치국민회의가 통합했다. 말이 당과 당의 통합이지 실제로는 흡수 통합이었다. 원래 꼬마 민주당이 만들어진 배경은 야당이 쪼개지면서 지역주의로 분열되는 것을 반대한 정치적 움직임이었다. 꼬마 민주당은 지역주의와 분열주의를 강하게 비판했다. 그런데 다시 통합한 것이다. 왜 그랬을까? 그 당시 정권 교체는 시대적 사명이었다. 그래서 국민통합은 꼭 이루어져야 했다. 이렇듯 원칙은 새로운 시대적 사명, 혹은 시대정신에 따라 바뀔 수 있다. 이러한 변화를 받아들이지 못하면 수구가 되고 반동이 된다. 만약 그때 정권 교체라는 시대적 사명이라는 대의명분이 없었더라면 국민통합도, 민주 정부 수립도 요원했을 것이다. 이처럼 때로 정치는 실용적이어야 한다.

현실 감각과 부러지지 않는 본질을 지키는 정치를 위해

정치판에서는 매우 복잡한 상황이 연일 벌어진다. 복잡한 정치적 이해관계와 서로 타협하기 어려운 모든 사안이 모이는 곳이다. 그런데 매번 자기 원칙만을 주장하면 어떻게 되겠는가. 갈등만 키울 뿐이다. 당장 해결해야 하는 과제도 뒷전이 된다. 무조건적인 원칙의 고수와 비현실적인 정치 감각은 오히려 국가 발전과 국민의 삶에 방해가 된다.

원칙끼리 부딪칠 때는 국민을 바라보면 된다. IMF 외환위기와 한미자유무역협정 때도 교조주의적인 원리주의와 실용적인 정치가 맞부딪쳤다. 한쪽에서는 IMF의 요구와 미국의 압력에 굴하지 않아야 한다고 하고, 또 다른 한쪽에서는 경제 성장을 위해 요구를 받아들여야 한다고 주장했다. 이때 국정을 책임지는 주체들의 역할이 매우 중요하다. 국가의 위기 극복과 장기적인 발전을 위해 국민을 바라보고 심사숙고를 거듭해야 한다. 서로 입장 차이만 확인해서는 앞으로 나아갈 수 없다. 반대 논리들을 무조건 배척하지 말고 슬기롭게 국가적 난제를 해결해 갈 수 있어야 한다. 이를 가능하게 하는 것이 정치의 역할이다.

대나무는 보통 꼿꼿하게 서 있어 절개와 기개를 상징한다. 바람이 불면 흔들리지만 쉽게 부러지거나 뽑히진 않는다. 실용적인 정치도 마찬가지다. 흔들리지 않는 소나무처럼 버티다가 강풍에 휘말려 부러지거나 뽑혀버리면 무슨 소용인가. 정치도 유연한 현실 감각이 있어야 한다. 그래야 시시각각으로 바뀌는 세상과 국민의 기대치에 부응할 수 있다. 바람에 적응하는 현실 감각과 부러지지 않는 본질을 지키는 정치인으로 정치를 계속하는 게 나의 바람이다.

내가 꿈꾸는 정치를 말한다

나는 미래를 위한 정치를 하고 싶다. 미래세대가 안정적으로 살아가는 세상을 만들고 싶다. 농업 중심에서 상공업 중심으로 전환될 당시 영국은 산업혁명을 통하여 세계 경제를 주도했다. 우리도 4차 산업혁명이라는 새로운 패러다임을 맞이하여 어떻게 선도자가 될지를 고민해야 한다. 인공지능과 바이오, 정보통신기술 등 산업구조의 지평이 바뀌고 있다. 이제 미래의 먹거리를 준비하는 정치인이 필요하다.

또한 경제적 이슈뿐만 아니라 기후 위기 등을 극복할 수 있는 대안을 마련해야 한다. 지속 가능한 삶을 가능하게 할 의무가 정치에 있다. 저출산과 고령화 문제를 해결하여 경제활동인구를 보존하는 것도 정치가 해야 할 일이다. 정치권은 현재에 머물러 있지 말고 미래를 준비해야 한다. 그래야 국민이 현재에 충실할 때 미래가 보장되는 사회가 만들어진다.

복지에 있어서 나는 '복지산업 육성'이 미래 과제를 모두 포함한다고 생각한다. 헌법에서 보장하듯 교육과 문화, 의료, 주거, 노동으로 대표되는 분야를 복지산업으로 육성하여 국민이 행복한 나라를 준비하는 것이 국가의 최우선 과제다. '산업'이라고 해서 무분별한 민영화를 말하는 게 아니다. 국가가 어느 정도 책임을 지고 마중물 역할을 하는 복지산업이어야 한다. 윤석열 정부가 외치는 민영화는 복지의 사각지대를 넓힐 뿐이다. 돈의 논리로만 바라보는 복지산업은 더 큰 양극화를 초래한다.

준비된 정치 신인으로 세대 교체를 이루자

최근 정치인들이 시대정신과 국가의 미래를 위한 과제를 제대로 수행하지 못한다는 지적이 많다. 정치가 경제, 사회, 문화 등 각 분야의 변화 속도에 따라가지 못하고 있다. 이미 국민의 수준과 변화는 놀라울 정도인데 유독 정치만 뒤처졌다.

2024년 총선은 그 어느 때보다 중요하다. 과거의 권위주의로 회귀하는 정권의 폭주를 견제하고, 극심한 생존의 고통을 겪는 민생을 챙겨야 하고, 디지털 전환과 4차 산업혁명의 거센 물결에 대비해야 한다. 민주당은 혁신과 민주주의를 바라는 국민의 눈높이에 맞춰 선거를 치러야 한다. 그러려면 당내 혁신과 공천 혁신이 무엇보다 중요하다. 시대정신과 국민의 눈높이에 맞는 인물을 전면에 내세워 정권 심판을 이룰 수 있도록 해야 한다. 새로운 민주당의 면모를 보여줘야 한다.

그러자면 정치적 이해관계에서 벗어나 당내에서 정치적 활동과 경험을 쌓은 유능한 인재를 등용하여 혁신의 기틀을 마련해야 한다. 권위주의적인 검찰 독재정권에 맞서 민주주의를 지켜낼 '준비된' 정치 신인으로 세대교체를 이루어낼 때 국민의 눈높이에 맞는 정치 혁신이 가능하다. 진영 논리에서 벗어나 오로지 국민을 위해 헌법과 양심에 따라 의정활동을 할 수 있는 젊은 정치를 위해 갈등과 대립만 일삼는 무도한 정권에 맞서 싸우는 민주당의 청년 정치인으로서 나는 이제 목소리를 내고자 한다.

세종이 묻고 박범종이 답하다

초판 1쇄 발행 2023년 12월 20일

지은이 박범종

펴낸이 윤주용
펴낸곳 초록비책공방

출판등록 제2013-000130
주소 서울시 마포구 월드컵북로 402 KGIT 센터 921A호
전화 0505-566-5522 팩스 02-6008-1777

ISBN 979-11-93296-17-2 (03340)

* 정가는 책 뒤표지에 있습니다.
* 파손된 책은 구입처에서 교환하실 수 있습니다.

빅파사드는 **초록비책공방**의 임프린트입니다.